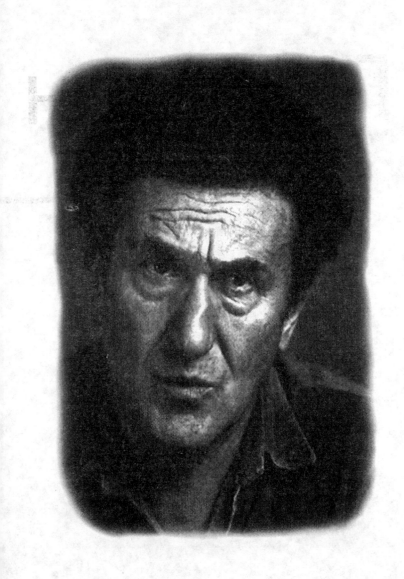

Игорь Губерман

Закатные гарики

Гарики предпоследние

МОСКВА "ЭКСМО" 2002

УДК 882
ББК 84(2Рос-Рус)6-5
Г 93

Оформление художника Е. Савченко

На переплете:
портрет работы А. Окуня (Иерусалим), 1976,
холст, масло

Иллюстрации в книге:
А. Окунь, Я. Блюмин, Б. Жутовский, В. Клецель,
Д. Уширенко, Ю. Тильман, Б. Карафелов, Т. Колтун,
Ю. Колтун, Д. Мирецкий

Губерман И. М.
Г 93   Закатные гарики. Гарики предпоследние. — М.:
Изд-во Эксмо, 2002. — 352 с., илл.

ISBN 5-699-01428-4

УДК 882
ББК 84(2Рос-Рус)6-5

© Губерман И. М., 2003
© А. Окунь. Рисунки, 1998
© А. Фурсов. Фотография, 1998
© ООО «Издательство «Эксмо», 2003

Закатные гарики

Не знаю благодатней и бездонней дарованных как Божеская милость двух узких и беспомощных ладоней, в которые судьба моя вместилась.

Не будь мы вдвоём, одному пришлось бы мне круто и туго, а выжили мы потому, что всюду любили друг друга.

Закатные гарики

◻

Ушли и сгинули стремления,
остыл азарт грешить и каяться,
тепло прижизненного тления
по мне течёт и растекается.

◻

Уже вот-вот к моим ногам
подвалит ворох ассигнаций,
ибо дерьмо во сне — к деньгам,
а мне большие гавны снятся.

◻

К похмелью, лихому и голому,
душевный пришёл инвалид,
потрогал с утра свою голову:
пустая, однако болит.

◻

Я не искал чинов и званий,
но очень часто, слава Богу,
тоску несбывшихся желаний
менял на сбывшихся изжогу.

◻

Вчера взяла меня депрессия,
напав, как тать, из-за угла;
завесы серые развесила
и мысли чёрные зажгла.

А я не гнал мерзавку подлую,
я весь сиял, её маня,
и с разобиженною мордою
она покинула меня.

◻

Я в зеркале вчера себя увидел
и кратко побеседовал с собой;
остался каждый в тягостной обиде,
что пакостно кривляется другой.

◻

Это был не роман,
это был поебок,
было нежно, тепло, молчаливо,
и, оттуда катясь,
говорил колобок:
до свиданья, спасибо, счастливо.

◻

На любое идейное знамя,
даже лютым соблазном томим,
я смотрю недоверчиво, зная,
сколько мрази ютится под ним.

◻

Слежу без испуга и дрожи
российских событий пунктир:
свобода играет, как дрожжи,
подкинутые в сортир.

◻

Когда остыл душевный жар,
а ты ещё живёшь зачем-то,
то жизнь напоминает жанр,
который досуха исчерпан.

Закатные гарики

◻

Когда бы сам собой смывался грим
и пудра заготовленных прикрас,
то многое, что мы боготворим,
ужасно опечалило бы нас.

◻

Надежды огненный отвар
в душе кипит и пламенеет:
еврей, имеющий товар,
бодрей того, кто не имеет.

◻

Вижу лица или слышу голоса —
вспоминаются сибирские леса,
где встречались ядовитые грибы —
я грущу от их несбывшейся судьбы.

◻

Уже мы в гулянии пылком
участие примем едва ли,
другие садятся к бутылкам,
которые мы открывали.

◻

Еврей опасен за пределом
занятий, силы отнимающих;
когда еврей не занят делом,
он занят счастьем окружающих.

◻

Казённые письма давно
я рву, ни секунды не тратя:
они ведь меня всё равно
потом наебут в результате.

❑

Мне слов ни найти, ни украсть,
и выразишь ими едва ли
еврейскую тёмную страсть
к тем землям, где нас убивали.

❑

Покуда мы свои выводим трели,
нас давит и коверкает судьба,
поэтому душа — нежней свирели,
а пьёшь — как водосточная труба.

❑

Зачем-то в каждое прощание,
где рвётся тесной связи нить,
мы лживо вносим обещание
живую память сохранить.

❑

Я искренне люблю цивилизацию
и все её прощаю непотребства
за свет, автомобиль, канализацию
и противозачаточные средства.

❑

Я даже мельком невзначай
обет мой давний не нарушу,
не выплесну мою печаль
в чужую душу.

❑

Мы столько по жизни мотались,
что вспомнишь — и каплет слеза;
из органов секса остались
у нас уже только глаза.

Закатные гарики

☐

Не знаю блаженней
той тягостной муки,
когда вдоль души по оврагу
теснятся какие-то тёмные звуки
и просятся лечь на бумагу.

☐

Когда наплывающий мрак
нам путь предвещает превратный,
опасен не круглый дурак,
а умник опасен квадратный.

☐

Есть люди — пламенно и бурно
добро спешат они творить,
но почему-то пахнут дурно
их бескорыстие и прыть.

☐

Высок успех и звучно имя,
мои черты теперь суровы,
лицо значительно, как вымя
у отелившейся коровы.

☐

Нам не светит благодать
с ленью, отдыхом и песнями:
детям надо помогать
до ухода их на пенсии.

☐

Не сдули ветры и года
ни прыть мою, ни стать,
и кое-где я хоть куда,
но где — устал искать.

◻

Всюду ткут в уюте спален
новых жизней гобелен,
только мрачен и печален
чуждый чарам чахлый член.

◻

Заметь, Господь, что я не охал
и не швырял проклятий камни,
когда Ты так меня мудохал,
что стыдно было за Тебя мне.

◻

Вольно ли, невольно ли,
но не столько нация,
как полуподпольная
мы организация.

◻

В одной учёной мысли ловкой
открылась мне блаженства бездна:
спиртное малой дозировкой —
в любых количествах полезно.

◻

Из века в век растёт размах
болезней разума и духа,
и даже в Божьих закромах
какой-то гарью пахнет глухо.

◻

Уже порой невмоготу
мне мерзость бытия,
как будто Божью наготу
преступно вижу я.

Закатные гарики

☐

О помощи свыше
не стоит молиться
в едва только начатом деле:
лишь там соучаствует Божья десница,
где ты уже сам на пределе.

☐

Здесь я напьюсь; тут мой ночлег;
и так мне сладок дух свободы,
как будто, стряхивая снег,
вошли мои былые годы.

☐

На старости я сызнова живу,
блаженствуя во взлётах и падениях,
но жалко, что уже не наяву,
а в бурных и бесплотных сновидениях.

☐

Сегодня многие хотят
беседовать со мной,
они хвалой меня коптят,
как окорок свиной.

☐

А всё же я себе союзник
и вечно буду таковым,
поскольку сам себе соузник
по всем распискам долговым.

☐

На старости я, не таясь,
живу, как хочу и умею,
и даже любовную связь
я по переписке имею.

◻

Чувствуя страсть, устремляйся вперёд
с полной и жаркой душевной отдачей;
верно заметил российский народ:
даже вода не течёт под лежачий.

◻

Жалеть, а не судить я дал зарок,
жестока жизнь, как римский Колизей;
и Сталина мне жаль: за краткий срок
жену он потерял и всех друзей.

◻

Покрыто минувшее пылью и мглой,
и, грустно чадя сигаретой,
тоскует какашка, что в жизни былой
была ресторанной котлетой.

◻

Забавно мне, что жизни кладь
нам неизменно
и тяжкий крест и благодать
одновременно.

◻

Опыт наш — отнюдь не крупность
истин, мыслей и итогов,
а всего лишь совокупность
ран, ушибов и ожогов.

◻

Ругая жизнь за скоротечность,
со мной живут в лохмотьях пёстрых
две девки — праздность и беспечность,
моей души родные сёстры.

Закатные гарики

☐

Окажется рощей цветущей
ущелье меж адом и раем,
но только в той жизни грядущей
мы близких уже не узнаем.

☐

С высот палящего соблазна
спадая в сон и пустоту,
по эту сторону оргазма
душа иная, чем по ту.

☐

Все муки творчества — обман,
а пыл — навеян и вторичен,
стихи диктует некто нам,
поскольку сам — косноязычен.

☐

В России часто пью сейчас
я с тем, кто крут и лих,
но дай Господь в мой смертный час
не видеть лица их.

☐

Ещё мне внятен жизни шум
и штоф любезен вислобокий;
пока поверхностен мой ум
ещё старик я не глубокий.

☐

Хмельные от праведной страсти,
крутые в решеньях кромешных,
святые, дорвавшись до власти,
намного опаснее грешных.

Закатные гарики

◻

Слава Богу, что я уже старый,
и погасло былое пылание,
и во мне переборы гитары
вызывают лишь выпить желание.

◻

Вёл себя придурком я везде,
но за мной фортуна поспевала,
вилами писал я на воде,
и вода немедля застывала.

◻

На Страшный суд разборки ради
эпоху выкликнув мою,
Бог молча с нами рядом сядет
на подсудимую скамью.

◻

Мне жалко, что Бог допускает
нелепый в расчётах просчёт,
и жизнь из меня утекает
быстрее, чем время течёт.

◻

Что с изречения возьмёшь,
если в него всмотреться строже?
Мысль изречённая есть ложь...
Но значит, эта мысль — тоже.

◻

Увы, но время скоротечно,
и кто распутство хаял грозно,
потом одумался, конечно,
однако было слишком поздно.

❑

Весь век себе твержу я:
цыц и никшни,
сиди повсюду с края и молчи;
духовность, обнажённая излишне,
смешна, как недержание мочи.

❑

Наверно, так понур я от того,
что многого достиг в конце концов,
не зная, что у счастья моего
усталое и тусклое лицо.

❑

Вон те — ознобно вожделеют,
а тех — терзает мира сложность;
меня ласкают и лелеют
мои никчёмность и ничтожность.

❑

Для игры во все художества
мой народ на свет родил
много гениев и множество
несусветных талмудил.

❑

Таким родился я, по счастью,
и внукам гены передам —
я однолюб: с единой страстью
любил я всех попутных дам.

❑

Я старый, больной и неловкий,
но знают гурманки слияния,
что в нашей усталой сноровке
ещё до хера обаяния.

Закатные гарики

□

Я не выйду в гордость нации
и в кумиры на стене,
но напишут диссертации
сто болванов обо мне.

□

О чём-то срочная забота
нас вечно точит и печёт,
и нужно нам ещё чего-то,
а всё, что есть, — уже не в счёт.

□

Любезен буду долго я народу,
поскольку так нечаянно случилось,
что я воспел российскую природу,
которая в еврея насочилась.

□

Я хоть и вырос на вершок,
но не дорос до Льва Толстого,
поскольку денежный мешок
милее мне мешка пустого.

□

Мы сразу правду обнаружим,
едва лишь зорко поглядим:
в семье мужик сегодня нужен,
однако не необходим.

□

Висит над нами всеми безотлучно
небесная чувствительная сфера,
и как только внизу благополучно,
Бог тут же вызывает Люцифера.

☐

Обида, презрение, жалость,
захваченность гиблой игрой...
Для всех нас Россия осталась
сияющей чёрной дырой.

☐

Не знаю, чья в тоске моей вина;
в окне застыла плоская луна;
и кажется, что правит мирозданием
лицо, не замутнённое сознанием.

☐

Бог задумал так, что без нажима
движется поток идей и мнений:
скука — и причина, и пружина
всех на белом свете изменений.

☐

Любовных поз на самом деле
гораздо меньше, чем иных,
но благодарно в нашем теле
спит память именно о них.

☐

Мне вдыхать легко и весело
гнусных мыслей мерзкий чад,
мне шедевры мракобесия
тихо ангелы сочат.

☐

Увы, великодушная гуманность,
которая над нами зыбко реет,
похожа на небесную туманность,
которая слезится, но не греет.

Закатные гарики

◻

Попал мой дух по мере роста
под иудейское влияние,
и я в субботу пью не просто,
а совершаю возлияние.

◻

Унылый день тянулся длинно,
пока не вылезла луна;
зачем душе страдать безвинно,
когда ей хочется вина?

◻

Хотя политики навряд
имеют навык театральный,
но все так сочно говорят,
как будто секс творят оральный.

◻

Мне в жизни крупно пофартило
найти свою нору и кочку,
и я не трусь в толпе актива,
а выживаю в одиночку.

◻

У Бога сладкой жизни не просил
ни разу я, и первой из забот
была всегда попытка в меру сил
добавить перец-соль в любой компот.

◻

Владеющие очень непростой
сноровкой в понимании округи
евреи даже вечной мерзлотой
умеют торговать на жарком юге.

◻

Увы, стихи мои и проза,
плоды раздумий и волнений —
лишь некий вид и сорт навоза
для духа новых поколений.

◻

Я всегда на сочувствия праздные
отвечаю: мы судеб игралище,
не влагайте персты в мои язвы,
ибо язвы мои — не влагалище.

◻

Плетясь по трясине семейного долга
и в каше варясь бытовой,
жена у еврея болеет так долго,
что стать успевает вдовой.

◻

Кошмарным сном я был разбужен,
у бытия тряслась основа:
жена готовила нам ужин,
а в доме не было спиртного.

◻

Когда мне о престижной шепчут встрече
с лицом, известным всюду и везде,
то я досадно занят в этот вечер,
хотя ещё не знаю, чем и где.

◻

Порою я впадаю в бедность,
что вредно духу моему;
Творец оплачивает вредность,
но как — известно лишь Ему.

Закатные гарики

☐

Наше стадо поневоле
(ибо яростно и молодо)
так вытаптывает поле,
что на нём умрёт от голода.

☐

Пришла прекрасная пора
явиться мудрости примером,
и стало мыслей до хера,
поскольку бросил мыслить хером.

☐

Таланту чтобы дать распространённость,
Творец наш поступил, как искуситель,
поэтому чем выше одарённость,
тем более еблив её носитель.

☐

Я часто многих злю вокруг,
живя меж них не в общем стиле;
наверно, мне публичный пук
намного легче бы простили.

☐

Глазея пристально и праздно,
я очень странствовать люблю,
но вижу мир ясней гораздо,
когда я в комнате дремлю.

☐

По чувству, что долгом повязан,
я понял, что я уже стар,
и смерти я платой обязан
за жизни непрошеный дар.

◻

Пора уже налить под разговор,
селёдку покромсавши на куски,
а после грянет песню хриплый хор,
и грусть моя удавится с тоски.

◻

Пишу я вздор и ахинею,
херню и чушь ума отпетого,
но что поделаешь — имею
я удовольствие от этого.

◻

Меж земной двуногой живности
всюду, где ни посмотри,
нас еврейский ген активности
в жопу колет изнутри.

◻

Дикая игра воображения
попусту кипит порой во мне —
бурная, как семяизвержение
дряхлого отшельника во сне.

◻

Жить беззаботно и оплошно —
как раз и значит жить роскошно.

◻

Я к потрясению основ
причастен в качестве придурка:
от безоглядно вольных слов
с основ слетает штукатурка.

Закатные гарики

◻

Мне не интересно, что случится
в будущем, туманном и молчащем;
будущее светит и лучится
тем, кому херово в настоящем.

◻

Когда текла игра без правил
и липкий страх по ветру стлался,
то уважать тогда заставил
я сам себя — и жив остался.

◻

Я ценю по самой высшей категории
философию народного нутра,
но не стал бы
относить к ветрам истории
испускаемые обществом ветра.

◻

Трагедия пряма и неуклончива,
однако, до поры таясь во мраке,
она всегда невнятно и настойчиво
являет нам какие-нибудь знаки.

◻

Я жизнь мою листаю с умилением
и счастлив, как клинический дебил:
весь век я то с азартом, то с томлением
кого-нибудь и что-нибудь любил.

◻

Блаженны нищие ленивцы,
они живут в самих себе,
пока несчастные счастливцы
елозят задом по судьбе.

◻

Вдоль организма дряхлость чуя,
с разгулом я всё так же дружен;
жить осмотрительно хочу я,
но я теперь и вижу хуже.

◻

Я к эпохе привёрнут, как маятник,
в нас биение пульса единое;
глупо, если поставят мне памятник —
не люблю я дерьмо голубиное.

◻

Ты с ранних лет в карьерном раже
спешил бежать из круга нашего;
теперь ты сморщен, вял и важен —
как жопа дряхлого фельдмаршала.

◻

По многим ездил я местам,
и понял я не без печали:
евреев любят только там,
где их ни разу не встречали.

◻

В пустыне усталого духа,
как в дремлющем жерле вулкана,
всё тихо, и немо, и глухо —
до первых глотков из стакана.

◻

Уже виски спалила проседь,
уже опасно пить без просыпа,
но стоит резко это бросить,
и сразу явится курносая.

◻

Любил я днём под шум трамвая
залечь в каком-нибудь углу,
дичок еврейский прививая
к великорусскому стволу.

◻

Глаза мои видели,
слышали уши,
я чувствовал даже
детали подробные:
больные, гнилые,
увечные души —
гуляли, калеча
себе неподобные.

◻

Жизни надвигающийся вечер
я приму без горечи и слёз;
даже со своим народом встречу
я почти спокойно перенёс.

◻

Российские невзгоды и мытарства
и прочие подробности неволи
с годами превращаются в лекарство,
врачующее нам любые боли.

◻

Был организм его злосчастно
погублен собственной особой:
глотал бедняга слишком часто
слюну, отравленную злобой.

Закатные гарики

☐

Я под солнцем жизни жарюсь,
я в чаду любви томлюсь,
а когда совсем состарюсь —
выну хер и заколюсь.

☐

Житейскую расхлёбывая муть,
так жалобно мы стонем и пыхтим,
что Бог нас посылает отдохнуть
быстрее, чем мы этого хотим.

☐

Затаись и не дыши,
если в нервах зуд:
это мысли из души
к разуму ползут.

☐

Когда я крепко наберусь
и пьяным занят разговором,
в моей душе святая Русь
горланит песни под забором.

☐

Кипит и булькает во мне
идей и мыслей тьма,
и часть из них ещё в уме,
а часть — сошла с ума.

☐

Столько стало хитрых технологий —
множество чудес доступно им,
только самый жалкий и убогий
хер живой пока незаменим.

❑

Если на душе моей тревога,
я её умею понимать:
это мировая синагога
тайно призывает не дремать.

❑

Я знаю, зрителя смеша,
что кратковременна потеха,
и ощутит его душа
в осадке горечь после смеха.

❑

По жизни я не зря гулял,
и зло воспел я, и добро,
Творец не зря употреблял
меня как писчее перо.

❑

Мы вдосталь в жизни испытали
и потрясений, и пинков,
но я не про закалку стали,
а про сохранность чугунков.
Ещё судьба не раз ударит,
однако тих и одинок,
ещё блаженствует и варит
мой беззаветный чугунок.

❑

Давным-давно хочу сказать я
ханжам и мнительным эстетам,
что баба, падая в объятья,
душой возносится при этом.

Закатные гарики

◻

Прекрасна в еврее
лихая повадка
с эпохой кишеть наравне,
но страсть у еврея —
устройство порядка
в чужой для еврея стране.

◻

Прорехи жизни сам я штопал
и не жалел ни сил, ни рук,
судьба меня скрутила в штопор,
и я с тех пор бутылке друг.

◻

Я слишком, ласточка, устал
от нежной устной канители,
я для ухаживанья стар —
поговорим уже в постели.

◻

Хоть запоздало, но не поздно
России дали оживеть,
и всё, что насмерть не замёрзло,
пошло цвести и плесневеть.

◻

Одно я в жизни знаю точно:
что плоть растянется пластом,
и сразу вслед начнётся то, что
Творец назначил на потом.

◻

Вечерняя тревога — как недуг:
неясное предчувствие беды,
какой-то полустрах-полуиспуг,
минувшего ожившие следы.

◻

Создателя крутая гениальность
заметнее всего из наблюдения,
что жизни объективная реальность
даётся лишь путем грехопадения.

◻

Много высокой страсти
варится в русском пиве,
а на вершине власти —
ебля слепых в крапиве.

◻

Создан был из почти ничего
этот мир, где светло и печально,
и в попытках улучшить его
обречённость видна изначально.

◻

Я по жизни бреду наобум,
потеряв любопытство к дороге;
об осколки возвышенных дум
больно ранятся чуткие ноги.

◻

В периоды удач и постижений,
которые заметны и слышны,
все случаи потерь и унижений
становятся забавны и смешны.

Закатные гарики

◻

С людьми я вижусь редко и формально,
судьба несёт меня по тихим водам;
какое это счастье — минимально
общаться со своим родным народом!

◻

России теперь не до смеха,
в ней жуткий прогноз подтверждается:
чем больше евреев уехало,
тем больше евреев рождается.

◻

Любовь завяла в час урочный,
и ныне я смиренно рад,
что мне остался беспорочный
гастрономический разврат.

◻

Нам потому так хорошо,
что, полный к жизни интереса,
грядущий хам давно пришёл
и дарит нам дары прогресса.

◻

Всего лишь семь есть нот у гаммы,
зато звучат не одинаково;
вот точно так у юной дамы
есть много разного и всякого.

◻

Я шамкаю, гундосю, шепелявлю,
я шаркаю, стенаю и кряхчу,
однако бытиё упрямо славлю
и жить ещё отчаянно хочу.

◻

Политики раскат любой грозы
умеют расписать легко и тонко,
учитывая всё, кроме слезы
невинного случайного ребёнка.

◻

Я часто угадать могу заранее,
куда плывёт беседа по течению;
душевное взаимопонимание —
прелюдия к телесному влечению.

◻

Разуму то холодно, то жарко
всюду перед выбором естественным,
где душеспасительно и ярко
дьявольское выглядит божественным.

◻

Нам разный в жизни жребий роздан,
отсюда — разная игра:
я из вульгарной глины создан,
а ты — из тонкого ребра.

◻

Сегодня думал я всю ночь,
издав к утру догадки стон:
Бог любит бедных, но помочь
умножить ноль не может Он.

◻

Поскольку много дураков
хотят читать мой бред,
ни дня без тупости — таков
мой жизненный обет.

Закатные гарики

□

Жаль Бога мне: святому духу
тоскливо жить без никого;
завел бы Он себе старуху,
но нету рёбер у Него.

□

Когда кому-то что-то лгу,
таким азартом я палим,
что сам угнаться не могу
за изложением моим.

□

Творец живёт не в отдалении,
а близко видя наши лица;
Он гибнет в каждом поколении
и в каждом заново родится.

□

На нас эпоха ставит опыты,
меняя наше состояние,
и наших душ пустые хлопоты —
её пустое достояние.

□

Полностью раскрыты для подлога
в поисках душевного оплота,
мы себе легко находим Бога
в идолах высокого полёта.

□

При всей игре разнообразия
фигур её калейдоскопа,
Россия всё же не Евразия,
она скорее Азиопа.

◻

Только полный дурак забывает,
испуская похмельные вздохи,
что вино из души вымывает
ядовитые шлаки эпохи.

◻

От мерзости дня непогожего
настолько в душе беспросветно,
что хочется плюнуть в прохожего,
но страшно, что плюнет ответно.

◻

Я много повидал за жизнь мою,
к тому же любопытен я, как дети;
чем больше я о людях узнаю,
тем более мне страшно жить на свете.

◻

Всё в этой жизни так заверчено
и так у Бога на учёте,
что кто глядел на мир доверчиво —
удачно жил в конечном счёте.

◻

На всё глядит он опечаленно
и склонен к мерзким обобщениям;
бедняга был зачат нечаянно
и со взаимным отвращением.

◻

Если хлынут, пришпоря коней,
вновь монголы в чужое пространство,
то, конечно, крещёный еврей
легче всех перейдёт в мусульманство.

Закатные гарики

◻

Я достиг уже сумерек вечера
и доволен его скоротечностью,
ибо старость моя обеспечена
только шалой и утлой беспечностью.

◻

Себя из разных книг салатом
сегодня тешил я не зря,
и над лысеющим закатом
взошла кудрявая заря.

◻

Льются ливни во тьме кромешной,
а в журчании — звук рыдания:
это с горечью безутешной
плачет Бог над судьбой создания.

◻

К чему усилий окаянство?
На что года мои потрачены?
У Божьих смыслов есть пространство,
его расширить мы назначены.

◻

К нам тянутся бабы сейчас
уже не на шум и веселье,
а слыша, как булькает в нас
любви приворотное зелье.

◻

За то, что теплюсь лёгким смехом
и духом чист, как пилигрим,
у дам я пользуюсь успехом,
любя воспользоваться им.

Закатные гарики

□

Та прорва, бездонность, пучина,
что ждёт нас распахнутой пастью,
и есть основная причина
прожития жизни со страстью.

□

В любом пиру под шум и гам
ушедших помяни;
они хотя незримы нам,
но видят нас они.

□

Есть у меня один изъян,
и нет ему прощения:
в часы, когда не сильно пьян,
я трезв до отвращения.

□

Мы с рожденья до могилы
ощущаем жизни сладость,
а источник нашей силы —
это к бабам наша слабость.

□

Твой разум изощрён, любезный друг,
и к тонкой философии ты склонен,
но дух твоих мыслительных потуг
тяжёл и очень мало благовонен.

□

Листая календарь летящих будней,
окрашивая быт и бытиё,
с годами всё шумней и многолюдней
глухое одиночество моё.

❑

Женился на красавице
смиренный Божий раб,
и сразу стало нравиться
гораздо больше баб.

❑

Нелепо — жить в незрячей вере
к понявшим всё наверняка;
Бог поощряет в равной мере
и мудреца, и мудака.

❑

Друзья мои,
кто первый среди нас?
Я в лица ваши вглядываюсь грустно:
уже недалеко урочный час,
когда на чьём-то месте
станет пусто.

❑

Когда растёт раздора завязь,
то, не храбрейший из мужчин,
я ухожу в себя, спасаясь
от выяснения причин.

❑

Взгляд её,
лениво-благосклонный,
светится умом,
хоть явно дура,
возраст очень юный,
но преклонный
и худая тучная фигура.

Закатные гарики

☐

Людей обычно самых лучших,
людей, огнём Творца прогретых,
я находил меж лиц заблудших,
погрязших, падших и отпетых.

☐

Боюсь бывать я на природе,
её вовек бы я не знал,
там мысли в голову приходят,
которых вовсе я не звал.

☐

Я б не думал о цели и смысле,
только часто моё самочувствие
слишком явно зависит от мысли,
что моё не напрасно присутствие.

☐

Явил Господь жестокий произвол
и сотни поколений огорчил,
когда на свет еврея произвёл
и жить со всеми вместе поручил.

☐

Я к веку относился неспроста
с живым, но отчуждённым интересом:
состарившись, душа моя чиста,
как озеро, забытое прогрессом.

☐

Ничуть не больно и не стыдно
за годы лени и гульбы:
в конце судьбы прозрачно видно
существование судьбы.

❑

Нас боль ушибов обязала
являть смекалку и талант;
где бабка надвое сказала,
там есть и третий вариант.

❑

Потоки слов терзают ухо,
как эскадрилья злобных мух;
беда, что недоросли духа
так обожают мыслить вслух.

❑

Со всеми гибнуть заодно —
слегка вторичная отвага;
но и не каждому дано
блаженство личностного шага.

❑

Везде, где можно стать бойцом,
везде, где бесятся народы,
еврей с обрезанным концом
идёт в крестовые походы.

❑

Не по воле несчастного случая,
а по времени — чаша выпита —
нас постигла беда неминучая:
лебедой поросло наше либидо.

❑

Весна — это любовный аромат
и страсти необузданный разлив;
мужчина в большинстве своём женат,
поэтому поспешлив и пуглив.

Закатные гарики

□

Нечто круто с возрастом увяло,
словно исчерпался некий ген:
очень любопытства стало мало
и душа не просит перемен.

□

Жизнь моя как ни била ключом,
как шампанским ни пенилась в пятницу,
а тоска непонятно о чём
мне шершавую пела невнятицу.

□

Споры о зерне в литературе —
горы словоблудной чепухи,
ибо из семян ума и дури
равные восходят лопухи.

□

Давно по миру льются стоны,
что круче, жарче и бодрей
еврей штурмует бастионы,
когда в них есть другой еврей.

□

Судьба не зря за годом год
меня толчёт в житейской ступке:
у человека от невзгод
и мысли выше, и поступки.

□

Переживёт наш мир беспечный
любой кошмар как чепуху,
пока огонь пылает вечный
у человечества в паху.

☐

Подонки, мразь и забулдыги,
мерзавцы, суки и скоты
читали в детстве те же книги,
что прочитали я и ты.

☐

До точки знает тот,
идущий нам на смену,
откуда что растёт
и что в какую цену.

☐

С тоской копаясь в тексте сраном,
его судить самодержавен,
я многим жалким графоманам
бывал сиятельный Державин.

☐

Наш разум тесно связан с телом,
и в том немало есть печали:
про то, что раньше ночью делал,
теперь я думаю ночами.

☐

В устоях жизни твёрдокамен,
семью и дом любя взахлёб,
мужик хотя и моногамен,
однако жуткий полиёб.

☐

Неволю ощущая, словно плен,
я полностью растратил пыл удалый,
и общества свободного я член
теперь уже потрёпанный и вялый.

Закатные гарики

☐

Недолго нас кошмар терзает,
что оборвётся бытиё:
с приходом смерти исчезает
боль ожидания её.

☐

Пришли ко мне, покой нарушив,
раздумий тягостные муки:
а вдруг по смерти наши души
на небе мрут от смертной скуки?

☐

Мы в очень различной манере
семейную носим узду,
на нас можно ездить в той мере,
в которой мы терпим узду.

☐

Вся планета сейчас нам видна:
мы в гармонии неги и лени
обсуждаем за рюмкой вина
соль и суть мимолётных явлений.

☐

В зоопарке под вопли детей
укрепилось моё убеждение,
что мартышки глядят на людей,
обсуждая своё вырождение.

☐

А то, что в среду я отверг,
неся гневливую невнятицу,
то с радостью приму в четверг,
чтобы жалеть об этом в пятницу.

☐

На пороге вечной ночи
коротая вечер тёмный,
что-то всё ещё бормочет
бедный разум неуёмный.

☐

Разумов парящих и рабочих
нету ни святее, ни безбожней,
наши дураки — тупее прочих,
наши идиоты — безнадёжней.

☐

Что я люблю? Курить, лежать,
в туманных нежиться томлениях
и вяло мыслями бежать
во всех возможных направлениях.

☐

Блаженство алкогольного затмения
неведомо жрецам ума и знания,
мы пьём от колебаний и сомнения,
от горестной тоски непонимания.

☐

Даётся близость только с теми
из городов и площадей,
где бродят призраки и тени
хранимых памятью людей.

☐

Бывают лампы в сотни ватт,
но свет их резок и увечен,
а кто слегка мудаковат,
порой на редкость человечен.

Закатные гарики

☐

Не только от нервов и стужи
болезни и хворости множатся:
здоровье становится хуже,
когда о здоровье тревожатся.

☐

Был некто когда-то и где-то,
кто был уже мною тогда;
слова то хулы, то привета
я слышу в себе иногда.

☐

Не слишком я азартный был игрок,
имея даже козыри в руках,
ни разу я зато не пренебрёг
возможностью остаться в дураках.

☐

Сегодня исчез во мраке
ещё один, с кем не скучно;
в отличие от собаки
я выл по нему беззвучно.

☐

Конечно, всем вокруг наверняка
досадно, что еврей, пока живой,
дорогу из любого тупика
находит хитрожопой головой.

☐

Ворует власть, ворует челядь,
вор любит вора укорять;
в Россию можно смело верить,
но ей опасно доверять.

☐

Чтобы душа была чиста,
жить не греша совсем не тупо,
но жизнь становится пуста,
как детектив, где нету трупа.

☐

Хотя неволя миновала,
однако мы — её творение;
стихия зла нам даровала
высокомерное смирение.

☐

Тонко и точно продумана этика
всякого крупного кровопролития:
чистые руки — у теоретика,
чистая совесть — у исполнителя.

☐

Не помню мест, не помню лиц,
в тетради века промелькнувшего
размылись тысячи страниц
неповторимого минувшего.

☐

В силу душевной структуры,
дышащей тихо, но внятно,
лучшие в жизни халтуры
делались мною бесплатно.

☐

Взывая к моему уму и духу,
все встречные, галдя и гомоня,
раскидывают мне свою чернуху,
спасти меня надеясь от меня.

Закатные гарики

☐

Судить подробней не берусь,
но стало мне теперь видней:
евреи так поили Русь,
что сами спились вместе с ней.

☐

Пусты потуги сторожей
быть зорче, строже и внимательней:
плоды запретные — свежей,
сочней, полезней и питательней.

☐

Я рад, что вновь сижу с тобой,
сейчас бутылку мы откроем,
мы объявили пьянству бой,
но надо выпить перед боем.

☐

Наступило время страха,
сердце болью заморочено;
а вчера лишь бодро трахал
всё, что слабо приколочено.

☐

Везде на красочных обложках
и между них в кипящем шелесте
стоят-идут на стройных ножках
большие клумбы пышной прелести.

☐

Есть в ощущениях обман,
и есть обида в том обмане:
совсем не деньги жгут карман,
а их отсутствие в кармане.

Закатные гарики

◻

Вновь меня знакомые сейчас
будут наставлять, кормя котлетами;
счастье, что Творец не слышит нас —
мы б Его затрахали советами.

◻

В неправедных суждениях моих
всегда есть оправдание моральное:
так резво я выбалтываю их,
что каждому найду диаметральное.

◻

Известно
лишь немым небесным судьям,
где финиш
нашим песням соловьиным,
и слепо
ходит рок по нашим судьбам,
как пёс мой —
по тропинкам муравьиным.

◻

Эпоха лжи, кошмаров и увечий
издохла,
захлебнувшись в наших стонах,
божественные звуки русской речи
слышны теперь
во всех земных притонах.

◻

В доставшихся мне
жизненных сражениях
я бился, балагуря и шутя,
а в мелочных
житейских унижениях —
беспомощен, как малое дитя.

◻

До славной мысли неслучайной
добрёл я вдруг дорогой плавной:
у мужика без жизни тайной
нет полноценной жизни явной.

◻

На высокие наши стремления,
на душевные наши нюансы,
на туманные духа томления —
очень грубо влияют финансы.

◻

Стали бабы страшной силой,
полон дела женский трёп,
а мужик — пустой и хилый,
дармоед и дармоёб.

◻

Я был изумлён, обнаружив,
насколько проста красота:
по влаге — что туча, что лужа,
но разнится их высота.

◻

Наш век в уме слегка попорчен
и рубит воздух топором,
а бой со злом давно закончен:
зло победило, став добром.

◻

Я, друзья, лишь до срока простак
и балдею от песни хмельной:
после смерти зазнаюсь я так,
что уже вам не выпить со мной.

Закатные гарики

☐

Я живу, незатейлив и кроток,
никого и ни в чём не виня,
а на свете всё больше красоток,
и всё меньше на свете меня.

☐

Ещё родить нехитрую идею
могу после стакана или кружки,
но мысли в голове уже редеют,
как волос на макушке у старушки.

☐

Давно живя с людьми в соседстве,
я ни за что их не сужу:
причины многих крупных бедствий
в себе самом я нахожу.

☐

Во что я верю, горький пьяница?
А верю я, что время наше
однажды тихо устаканится
и станет каплей в Божьей чаше.

☐

Несчётны русские погосты
с костями канувших людей —
века чумы, холеры, оспы
и несогласия идей.

☐

Повсюду, где гремит гроза борьбы
и ливнями текут слова раздоров,
евреи вырастают, как грибы,
с обилием ярчайших мухоморов.

☐

Компотом духа и ума
я русской кухне соприроден:
Россия — лучшая тюрьма
для тех, кто внутренне свободен.

☐

О нём не скажешь ничего —
ни лести, ни хулы;
ума палата у него,
но засраны углы.

☐

В неполном зале — горький смех
во мне журчит без осуждения:
мне, словно шлюхе, жалко всех,
кто не получит наслаждения.

☐

Со мной, хотя удаль иссякла,
а розы по-прежнему свежи,
ещё приключается всякое,
хотя уже реже и реже.

☐

Давно я заметил на практике,
что мягкий живителен стиль,
а люди с металлом в характере
быстрее уходят в утиль.

☐

В земной ума и духа суете
у близких вызывали смех и слёзы,
но делали погоду только те,
кто плюнул на советы и прогнозы.

Закатные гарики

☐

Зная, что глухая ждёт нас бездна,
и что путь мы не переиначим,
и про это плакать бесполезно —
мы как раз поэтому и плачем.

☐

Опершись о незримую стену,
как моряк на родном берегу,
на любую заветную тему
помолчать я с друзьями могу.

☐

Всё, что было —
кануло и сплыло,
есть ещё
в мехах моих вино;
что же мне
так вяло и уныло,
пусто,
равнодушно и темно?

☐

Повсюду смерть,
но живы мы,
я чувством света —
тьме обязан,
и даже если нет чумы,
наш каждый пир
с ней тесно связан.

☐

Идея, что мною владеет,
ведёт к пониманию важному:
в года, когда небо скудеет,
душа достаётся не каждому.

❑

Напористо, безудержно и страстно —
повсюду, где живое колыхание, —
в российское духовное пространство
вплетается еврейское дыхание.

❑

Человек — существо такое,
что страдает интимным жжением,
и в заветном живёт покое
с нарастающим раздражением.

❑

До поры, что востребую их,
воплощая в достойных словах,
много мыслей и шуток моих
содержу я в чужих головах.

❑

Все дружно в России возделиглаза
и в Божье поверили чудо,
и пылко целует теперь образа
повсюдный вчерашний Иуда.

❑

И хотя уже видна
мне речушка Лета,
голова моя полна
мусора и света.

❑

Устав болеть от наших дел,
порой лицо отводит Бог,
и страшен жизненный удел
живущих в этот тёмный срок.

Закатные гарики

☐

Среди любого поколения
живя в обличии естественном,
еврей — повсюдный червь сомнения
в духовном яблоке общественном.

☐

Полистал я его откровения
и подумал, захлопнув обложку,
что в источник его вдохновения
музы бросили дохлую кошку.

☐

Души мёртвых терпят муки
вновь и вновь, пока планета
благодушно греет руки
на пожарах наших гетто.

☐

Я щедро тешил плоть,
но дух был верен чести;
храни его, Господь,
в сухом и тёплом месте.

☐

Вчера ходил на пир к знакомым;
их дом уютен, как кровать;
но трудно долго почивать,
когда не спится насекомым.

☐

Господь, услышав жалобы мои,
подумал, как избыть мою беду,
и стали петь о страсти соловьи
в осеннем неприкаянном саду.

◻

Реальность — это то, где я живу;
реальность — это личная окрестность;
реальность — это всё, что наяву;
но есть ещё совсем иная местность.

◻

Нам, конечно, уйти суждено,
исчерпав этой жизни рутину,
но, закончив земное кино,
мы меняем лишь зал и картину.

◻

Иступился мой крючок
и уже не точится;
хоть и дряхлый старичок,
а ебаться хочется.

◻

Чисто чувственно мной замечено,
как незримо для наблюдения
к нам является в сумрак вечера
муза лёгкого поведения.

◻

Подвержен творческой тоске,
Господь не чужд земного зелья,
и наша жизнь на волоске
висит в часы Его похмелья.

◻

Я вижу Россию не вчуже,
и нет у меня удивления:
разруха — в умах, а снаружи —
всего лишь её проявления.

Закатные гарики

☐

Злоба наша, в душах накопляясь,
к небу воспаряет с ними вместе;
небо, этой злобой воспаляясь,
вяжет облака вражды и мести.

☐

Ещё свой путь земной не завершив,
российской душегубкой проворонен,
по внешности сохранен я и жив,
но внутренне — уже потусторонен.

☐

И жизнь моя не в тупике,
и дух ещё отзывчив к чувству,
пока стакан держу в руке,
а вилкой трогаю капусту.

☐

Не чувствую ни капли облегчения,
осваивая новую реальность,
где плотские порывы и влечения
теряют остроту и актуальность.

☐

Земного прозябания режим
толкает нас на поиск лучшей доли,
и мы от благоденствия бежим
не реже, чем от тягот и неволи.

☐

Вся наша склонность к оптимизму
от неспособности представить,
какого рода завтра клизму
судьба решила нам поставить.

☐

Бог необузданно гневлив
и сам себя сдержать не может,
покуда ярости прилив
чего-нибудь не уничтожит.

☐

Держусь я тем везде всегда,
что никогда нигде
я не даю себе труда
усердствовать в труде.

☐

Из века в век и год от года
смеясь над воплями старателей,
бренчит российская свобода
ключами сменных надзирателей.

☐

Я догадался очень рано
себя от пакости беречь
и не смотрю, когда с экрана
двуликий анус держит речь.

☐

У писательского круга —
вековечные привычки:
все цитируют друг друга,
не используя кавычки.

☐

Люблю ненужные предметы,
любуюсь медью их и глиной,
руками трогаю приметы
того, что жизнь случилась длинной.

Закатные гарики

◻

Я чтенью предал жизнь мою,
смакую тон, сюжет и фразу,
а всё, что жадно узнаю,
я забывать умею сразу.

◻

Я жизнь мою прошёл пешком,
и был карман мой пуст,
но метил я в пути стишком
любой дорожный куст.

◻

Блажен, кто истов и суров,
творя свою бурду,
кто издаёт могучий рёв
на холостом ходу.

◻

Творец живёт сейчас в обиде,
угрюмо видя мир насквозь —
и то, что вовсе не предвидел,
и то, что напрочь не сбылось.

◻

Евреи всходят там,
где их не сеяли,
цветут и колосятся
где не просят,
растут из
непосаженного семени
и всюду
безобразно плодоносят.

Закатные гарики

□

Умелец мастерит лихую дрель
и сверлит в мироздании дыру,
а хлюпик дует в тонкую свирель
и зябнет на космическом ветру.

□

Сполна я осознал ещё юнцом
трагедию земного проживания
с кошмарным и заведомым концом,
со счастьем и тоской существования.

□

Я завидую только тому,
чей азарт не сильнее ума,
и довольно того лишь ему,
что судьба посылает сама.

□

Сам в отшельнический скит
заточился дух-молчальник;
всюду бурно жизнь кипит,
на плите кипит мой чайник.

□

Весьма наш мир материален,
но вожжи духа отпустив,
легко уловишь, как реален
сокрытой мистики мотив.

□

Когда по пьянке всё двоится,
опасно дальше наливать,
и может лишняя девица
легко проникнуть на кровать.

◻

Мир хотя загадок полон,
есть ключи для всех дверей;
если в ком сомненья, кто он,
то, конечно, он еврей.

◻

Гражданским пышешь ты горением,
а я — любуюсь на фиалки;
облей, облей меня презрением
и подожги от зажигалки.

◻

Созерцатель и свидетель,
я по жизни зря кочую,
я не славлю добродетель
и пороки не бичую.
Посторонен я настолько,
что и чувствую иначе:
видя зло — смеюсь я горько,
а добру внимаю — плача.

◻

Я не был накопительства примером
и думаю без жалости теперь,
что стал уже давно миллионером
по счёту мной понесенных потерь.

◻

Как пастырь,
наставляющий народ,
как пастор,
совершающий молебен,
еврей, торгуя воздухом,
не врёт,
а верит, что товар его целебен.

Закатные гарики

◻

Несложен мой актёрский норов:
ловя из зала волны смеха,
я торжествую, как Суворов,
когда он с Альп на жопе съехал.

◻

Виновен в этом или космос,
или научный беспредел:
несовращённолетний возраст
весьма у дев помолодел.

◻

Пока себя дотла не износил,
на баб я с удовольствием гляжу;
ещё настолько свеж и полон сил,
что внуков я на свет произвожу.

◻

Молчу, скрываюсь и таю,
чтоб даже искрой откровения
не вызвать пенную струю
из брюк общественного мнения.

◻

Я к вам бы, милая, приник
со страстью неумышленной,
но вы, мне кажется, — родник
воды весьма промышленной.

◻

С того слова мои печальны,
а чувства миром недовольны,
что мысли — редки и случайны,
а рифмы — куцы и глагольны.

◻

Покуда есть литература,
возможны в ней любые толки,
придёт восторженная дура
и книгу пылко снимет с полки.

◻

Когда порой густеют в небе тучи,
я думаю: клубитесь надо мной,
бывали облака гораздо круче,
но где они? А я — сижу в пивной.

◻

Нисколько от безделья я не маюсь,
а ты натужно мечешься — зачем?
Я — с радостью ничем не занимаюсь,
ты — потно занимаешься ничем.

◻

Творец порой бывает так не прав,
что сам же на себя глядит зловеще
и, чтоб утихомирить буйный нрав,
придумывает что-нибудь похлеще.

◻

Нет часа угрюмей, чем утренний:
душа озирается шало,
и хаосы — внешний и внутренний —
коростами трутся шершаво.

◻

Когда мы спорим, наши головы
весьма легки в тасовке фактов,
поскольку сами факты — голые
и для любых годятся актов.

Закатные гарики

◻

В местах любого бурного смятения,
где ненависти нет конца и края,
растут разнообразные растения,
покоем наши души укоряя.

◻

Я чую в организме сговор тайный,
решивший отпустить на небо душу,
ремонт поскольку нужен капитальный,
а я и косметического трушу.

◻

Всё течёт под еврейскую кровлю,
обретая защиту и кров, —
и свобода, политая кровью,
и доходы российских воров.

◻

Дожрав до крошки, хрюкнув сыто
и перейдя в режим лежания,
свинья всегда бранит корыто
за бездуховность содержания.

◻

Тоскливы русские пейзажи,
их дух унынием повит,
и на душе моей чем гаже,
тем ей созвучней этот вид.

◻

Иссяк мой золота запас,
понтуюсь я, бренча грошами,
а ты всё скачешь, мой Пегас,
тряся ослиными ушами.

☐

Только самому себе молчащему
я могу довериться как лекарю;
если одинок по-настоящему,
то и рассказать об этом некому.

☐

Те идеи, что в воздухе веяли
и уже были явно готовые,
осознались былыми евреями,
наша участь — отыскивать новые.

☐

Где все сидят, ругая власть,
а после спят от утомления,
никак не может не упасть
доход на тушу населения.

☐

Купаясь в мелкой луже новостей,
ловлю внезапно слово, и тогда
стихи мои похожи на детей
случайностью зачатия плода.

☐

Мечтай, печальный человек,
целебней нет от жизни средства,
и прошлогодний веет снег
над играми седого детства.

☐

Вся наука похожа на здание,
под которым фундамент непрочен,
ибо в истинность нашего знания
это знание верит не очень.

Закатные гарики

□

Возвышенные мифы год за годом
становятся сильней печальной были;
евреи стали избранным народом
не ранее, чем все их невзлюбили.

□

Однажды фуфло полюбило туфту
с роскошной и пышной фигурой,
фуфло повалило туфту на тахту
и занялось пылкой халтурой.

□

Под ветром жизни так остыли мы
и надышались едким дымом,
что постепенно опостылели
самим себе, таким любимым.

□

Мне стоит лишь застыть,
сосредоточась,
и, словно растворённые в крови,
из памяти моей сочатся тотчас
не доблести, а подлости мои.

□

Присматриваясь чутко и сторожко,
я думал, когда жил ещё в России,
что лучше воронок, чем неотложка,
и вышло всё, как если бы спросили.

□

То с боями, то скинув шинель
и обильно плодясь по дороге,
человечество роет тоннель,
не надеясь на выход в итоге.

◻

Дойдя до рубежа преображения,
оставив дым последней сигареты,
зеркального лишусь я отражения
и весь переселюсь в свои портреты.

◻

Вся история — огромное собрание
аргументов к несомненности идеи,
что Творец прощает каждого заранее;
это знали все великие злодеи.

◻

Аскетов боюсь я — стезя их
лежит от моей далеко,
а те, кто себя истязает,
и ближних калечат легко.

◻

Зачем печалиться напрасно,
словами горестно шурша?
У толстых тоже очень часто
бывает тонкая душа.

◻

Не видел я нигде в печати,
но это знают все студенты:
про непорочное зачатие
миф сочинили импотенты.

◻

О чём-то грустном все молчали,
но я не вник и не спросил,
уже чужие знать печали
нет у меня душевных сил.

Закатные гарики

☐

Думаю об этом без конца,
наглый неотёсанный ублюдок:
если мы — подобие Творца,
то у Бога должен быть желудок.

☐

Конечно, всё на свете — суета
под вечным абажуром небосвода,
но мера человека — пустота
окрестности после его ухода.

☐

Если всё не пакостно, то мглисто,
с детства наступает увядание,
светлая пора у пессимиста —
новых огорчений ожидание.

☐

В годы, что прослыли беззаботными
(время только начало свой бег),
ангелы потрахались с животными,
вышел первобытный человек.

☐

Уже давно мы не атлеты
и плоть полнеет оголтело,
теперь некрупные предметы
я ловко прячу в складках тела.

☐

Держусь ничуть не победительно,
весьма беспафосно звучу,
меня при встрече снисходительно
ублюдки треплют по плечу.

☐

Пусть меня заботы рвут на части,
пусть я окружён гавном и суками,
всё же поразительное счастье —
мучиться прижизненными муками.

☐

Когда мы кого-то ругаем
и что-то за что-то клянём,
мы желчный пузырь напрягаем,
и камни заводятся в нём.

☐

Конечно, лучше жить
раздельно с веком,
не пачкаясь
в нечестии и блуде,
но чистым оставаться человеком
мешают окружающие люди.

☐

Рассеялись былые притязания,
и жизнь моя,
желаньям в унисон,
полна уже
блаженством замерзания,
когда внутри тепло
и клонит в сон.

☐

Господь на нас
не смотрит потому,
что чувствует
неловкость и смущение:
Творец гордится замыслом,
Ему
видней, насколько плохо воплощение.

Закатные гарики

☐

Не по капризу Провидения
мы на тоску осуждены,
тоска у нас — от заблуждения,
что мы для счастья рождены.

☐

В немыслимом количестве томов
мусолится одна и та же шутка —
что связано брожение умов
с бурчанием народного желудка.

☐

Почти закончив путь земной,
я жизнь мою обозреваю
и сам себя подозреваю,
что это было не со мной.

☐

Ты, душа, если сердце не врёт,
запросилась в родные края?
Лишь бы только тебя наперёд
не поехала крыша моя.

☐

Свой дух я некогда очистил
не лучезарной красотой,
а осознаньем грязных истин
и тесной встречей с мерзотой.

☐

Исчерпался остаток чернил,
Богом некогда выданный мне;
всё, что мог, я уже сочинил;
только дохлая муха на дне.

Закатные гарики

◻

Моя прижизненная аура
перед утечкой из пространства
в неделю похорон и траура
пронижет воздух духом пьянства.

◻

Столько из былого мной надышано,
что я часто думаю сейчас:
прошлое прекрасно и возвышенно,
потому что не было там нас.

◻

Комфорту и сытости вторя,
от массы людской умножения
из пены житейского моря
течёт аромат разложения.

◻

Всему учился между прочим,
но знаю слов я курс обменный,
и собеседник я не очень,
но соболтатель я отменный.

◻

Бог нам подсыпал, дух варя,
и зов безумных побуждений,
и тёмный ужас дикаря,
и крутость варварских суждений.

◻

Всюду меж евреями сердечно
теплится идея прописная:
нам Израиль — родина, конечно,
только, слава Богу, запасная.

◻

Замедлился кошмарный маховик,
которым был наш век
разбит и скомкан;
похоже, что закончен черновик
того, что предстоит
уже потомкам.

◻

Я не рассыпаюсь в заверениях
и не возношу хвалу фальшиво;
Бога я люблю в его творениях
женского покроя и пошива.

◻

В России очень часто ощущение —
вослед каким-то мыслям или фразам,
что тесное с евреями общение
ужасно объевреивает разум.

◻

Хотя везде пространство есть,
но от себя нам не убресть.

◻

Люблю чужеземный ландшафт
не в виде немой территории,
а чтобы везде на ушах
висела лапша из истории.

◻

Тактично, щепетильно, деликатно —
беседуя, со сцены, за вином —
твержу я, повторяясь многократно,
о пагубности близости с гавном.

Закатные гарики

◻

Поскольку жутко тяжек путь земной
и дышит ощущением сиротства —
блаженны, кто общается со мной,
испытывая радость превосходства.

◻

Как судьба ни длись благополучно,
есть у всех последняя забота;
я бы умереть хотел беззвучно,
близких беспокоить неохота.

◻

Кто на суете сосредоточен
в судорогах алчного радения,
тех и посреди кромешной ночи
денежные мучают видения.

◻

Ведь любой, от восторга дурея,
сам упал бы в кольцо твоих рук —
что ж ты жадно глядишь на еврея
в стороне от весёлых подруг?

◻

Угрюмо ощутив, насколько тленны,
друзья мои укрылись по берлогам;
да будут их года благословенны,
насколько это можно с нашим Богом.

◻

Всё время учит нас история,
что получалось так и сяк,
но где хотелось, там и стоило
пускаться наперекосяк.

◻

Мы к ночи пьём с женой
по тем причинам веским,
что нету спешных дел
и поезд наш ушёл,
и заняты друзья,
нам часто выпить не с кем,
а главное —
что нам так хорошо.

◻

Раздвоенность —
печальная нормальность,
и зыбкое держу я равновесие:
умишко
слепо тычется в реальность,
а душу
распирает мракобесие.

◻

Как раньше в юности
влюблённость,
так на закате невзначай
нас осеняет просветлённость
и благодарная печаль.

◻

Здесь еврей и ты и я,
мы единая семья:
от шабата до шабата
брат наёбывает брата.

◻

Нынче различаю даже масти я
тех, кому душа моя — помеха:
бес гордыни, дьявол любострастия,
демоны свободы и успеха.

Закатные гарики

☐

Нет, мой умишко не глубок,
во мне горит он тихой свечкой
и незатейлив, как лубок,
где на лугу — баран с овечкой.

☐

Благословенна будь, держава,
что век жила с собой в борьбе,
саму себя в дерьме держала,
поя хвалу сама себе.

☐

Конечно, всюду ложь и фальшь,
тоска, абсурд и бред,
но к водке рубят сельдь на фарш,
а к мясу — винегрет.

☐

Весь Божий мир, пока живой, —
арена бойни мировой,
поскольку что кому-то прибыльно,
другому — тягостно и гибельно.

☐

Я слышу завывания кретина,
я вижу, как гуляет сволота,
однако и душа невозмутима,
и к жизни не скудеет теплота.

☐

Разуверясь в иллюзии нежной,
мы при первой малейшей возможности
обзаводимся новой надеждой,
столь же явной в её безнадёжности.

◻

Спать не зря охоч я очень,
сонный бред люблю я с юности,
разум наш под сенью ночи
отдыхает от разумности.

◻

Всякий нёс ко мне боль и занозы,
кто судьбе проигрался в рулетку,
и весьма крокодиловы слёзы
о мою осушались жилетку.

◻

Мой деловой, рациональный,
с ухваткой, вскормленной веками,
активный ген национальный
остался в папе или в маме.

◻

Гуляка, пройдоха, мошенник,
для адского пекла годясь, —
подвижник, аскет и отшельник,
в иную эпоху родясь.

◻

Замшелым душам стариков
созвучны внешне их старушки:
у всех по жизни гавнюков
их жёны — злобные гнилушки.

◻

От коллективных устремлений,
где гул восторгов, гам и шум,
я уклоняюсь из-за лени,
что часто выглядит как ум.

Закатные гарики

☐

Клокочет неистовый зал,
и красные флаги алеют...
Мне доктор однажды сказал:
глисты перед гибелью злеют.

☐

Пока присесть могу к столу,
ценю я каждое мгновение,
и там, где я пишу хулу,
внутри звучит благословение.

☐

Время тянется уныло,
но меняться не устало:
раньше всё мерзее было,
а теперь — мерзее стало.

☐

Проходят эпохи душения,
но сколько и как ни трави,
а творческий пыл разрушения
играет в российской крови.

☐

Был я молод и где-то служил,
а любовью — и бредил, и жил;
даже глядя на гладь небосклона,
я усматривал девичьи лона.

☐

Кто книжно, а кто по наитию,
но с чувством неясного страха
однажды приходишь к открытию
сообщества духа и паха.

◻

Я остро ощущаю временами
(проверить я пока ещё не мог),
что в жизни всё случившееся с нами
всего лишь только опыт и пролог.

◻

Уходит чёрный век великий,
и станет нем его гранит,
и лишь язык, живой и дикий,
кошмар и славу сохранит.

◻

Идеей тонкой и заветной
богат мой разум проницательный:
страсть не бывает безответной —
ответ бывает отрицательный.

◻

Вокруг хотя полно материальности,
но знают нынче все, кто не дурак:
действительность
загадочней реальности,
а что на самом деле — полный мрак.

◻

Бурлит российский передел,
кипят азарт и спесь,
а кто сажал и кто сидел —
уже неважно здесь.

◻

Сбываются — глазу не веришь —
мечты древнеримских трудящихся:
хотевшие хлеба и зрелищ
едят у экранов светящихся.

Закатные гарики

☐

Мы уже судьбу не просим
об удаче скоротечной,
осенила душу осень
духом праздности беспечной.

☐

Вой ветра, сеющий тревогу,
напоминает лишь о том,
что я покуда, слава Богу,
ни духом слаб, ни животом.

☐

Предай меня, Боже, остуде,
от пыла вещать охрани,
достаточно мудрые люди
уже наболтали херни.

☐

Не числю я склероз мой ранний
досадной жизненной превратностью;
моя башка без лишних знаний
полна туманом и приятностью.

☐

Не травлю дисгармонией мрачной
я симфонию льющихся дней;
где семья получилась удачной,
там жена дирижирует ей.

☐

Когда близка пора маразма,
как говорил мудрец Эразм,
любое бегство от соблазна
есть больший грех,
чем сам соблазн.

◻

Плачет баба потому,
что увяло тело,
а давала не тому,
под кого хотела.

◻

Художнику дано благословлять —
не более того, хоть и не менее,
а если не художник он, а блядь,
то блядство и его благословение.

◻

С разным повстречался я искусством
в годы любованья мирозданием,
лучшее на свете этом грустном
создано тоской и состраданием.

◻

В одном история не врёт
и правы древние пророки:
великим делают народ
его глубинные пороки.

◻

Ты к небу воздеваешь пылко руки,
я в жестах этих вижу лицемерие,
за веру ты принять согласен муки,
а я принять готов их — за неверие.

◻

Господь не будет нас карать,
гораздо хуже наш удел:
на небе станут нагло жрать
нас те, кто нас по жизни ел.

Закатные гарики

◻

Бог печально тренькает на лире
в горести недавнего прозрения:
самая большая скверна в мире —
подлые разумные творения.

◻

Я храню душевное спокойствие,
ибо всё, что больно,
то нормально,
а любое наше удовольствие —
либо вредно, либо аморально.

◻

Жила-была на свете дева,
и было дел у ней немало:
что на себя она надела,
потом везде она снимала.

◻

Тайным действием систем,
скрытых под сознанием,
жопа связана со всем
Божьим мирозданием.

◻

Схожусь я медленно, с опаской,
по горло полон горьким опытом,
но вдруг дохнёт на душу лаской,
и снова всё пропало пропадом.

◻

Когда мне почта утром рано
приносит вирши графомана,
бываю рад я, как раввины —
от ветра с запахом свинины.

Закатные гарики

◻

Вульгарен, груб и необуздан,
я в рай никак не попаду,
зато легко я буду узнан
во дни амнистии в аду.

◻

Людей давно уже делю —
по слову, тону, жесту, взгляду —
на тех, кому я сам налью,
и тех, с кем рядом пить не сяду.

◻

У внуков с их иными вкусами
я не останусь без призора:
меня отыщут в куче мусора
и переложат в кучу сора.

◻

Я живу в тишине и покое,
стал отшельник, монах и бирюк,
но на улицах вижу такое,
что душа моя рвётся из брюк.

◻

Первые на свете совратители,
понял я, по памяти скользя,
были с несомненностью родители:
я узнал от них, чего нельзя.

◻

Покуда наши чувства не остыли,
я чувствую живое обожание
к тому, что содержимое бутыли
меняет наших мыслей содержание.

◻

Ум — помеха для нежной души,
он её и сильней, и умней,
но душа если выпить решит,
ум немедля потворствует ей.

◻

Я от века отжил только треть,
когда понял: бояться — опасно,
страху надо в глаза посмотреть,
и становится просто и ясно.

◻

В натурах подлинно способных
играет тонкий и живой
талант упрямо, как подсолнух,
вертеть за солнцем головой.

◻

Мир совершенствуется так —
не по годам, а по неделям, —
что мелкотравчатый бардак
большим становится борделем.

◻

Хотя под раскаты витийства
убийц человечество судит,
но жить на земле без убийства —
не может, не хочет, не будет.

◻

Естественно и точно по годам
стал ветошью
мой рыцарский доспех,
поскольку у весьма прекрасных дам
терпел он сокрушительный успех.

Закатные гарики

☐

Я подбил бы насильнику глаз,
а уж нос я расквасил бы точно,
очень жалко, что трахают нас
анонимно, безлико, заочно.

☐

В чистом разуме скрыта отрава,
целой жизни мешая тайком:
мысля трезво, реально и здраво,
ты немедля слывёшь мудаком.

☐

Поскольку есть мужчины и юнцы,
просящие готовые ответы,
постольку возникают мудрецы,
родящие полезные советы.

☐

Свобода неотрывна от сомнения
и кажется обманом неискусным,
дух горечи
и дух недоумения
витают над её рассветом тусклым.

☐

Идея моя не научна,
но мне помогала всегда:
прекрасное — всё, что не скучно,
и даже крутая беда.

☐

То ясно чувствуешь душой,
то говорит об этом тело:
век был достаточно большой,
и всё слегка осточертело.

❐

В лени всякого есть понемногу,
а в решимости жить поперёк —
и бросание вызова Богу,
что когда-то на труд нас обрёк.

❐

Чуя в человечестве опасность,
думая о судьбах мироздания,
в истину вложил Господь напрасность
поисков её и опознания.

❐

Посреди миропорядка
есть везде, где я живу,
и моя пустая грядка,
я сажаю трын-траву.

❐

Так же будут кишеть муравьи,
а планеты — нестись по орбитам;
размышленья о смерти мои —
только мысли о всём недопитом.

❐

Борьба — не душевный каприз,
не прихоть пустого влечения:
плывут по течению — вниз,
а вверх — это против течения.

❐

Конечно, я придурком был тогда,
поскольку был упрям я и строптив,
а умный в те кромешные года
носил на языке презерватив.

Закатные гарики

◻

На всё подряд со страстью нежной,
как воробьи к любому крошеву,
слетались мы, томясь надеждой
прильнуть к чему-нибудь хорошему.

◻

В беде, где всё пошло насмарку,
вразлом и наперекосяк,
велик душой, кто рад подарку,
что жив, на воле и босяк.

◻

Готовлюсь к уходу туда,
где быть надлежит человеку,
и время плеснёт, как вода
над камешком, канувшим в реку.

◻

Я не люблю живые тени,
меня страшит их дух высокий,
дружу я близко только с теми,
кого поят земные соки.

◻

Я музу часто вижу здесь
во время умственного пира,
она собой являет смесь
из нимфы, бляди и вампира.

◻

Осадком памяти сухим
уже на склоне и пределе
мы видим прошлое таким,
каким его прожить хотели.

◻

Разгул наук сейчас таков,
что зуд учёного азарта
вот-вот наладит мужиков
рожать детей Восьмого марта.

◻

Конечно, слезы, боль и грех
всё время видеть тяжело Ему,
но Бог нас любит равно всех
и просто каждого по-своему.

◻

Лишь на смертном одре
я посмею сказать,
что печально
во всём этом деле:
если б наши старухи
любили вязать,
мы бы дольше
в пивных посидели.

◻

Что нёс я ахинею, но не бред,
поймут, когда уже я замолчу,
и жалко мне порой, что Бога нет,
я столько рассказать Ему хочу!

◻

Любые наши умозрения
венчает вывод горемычный,
что здесь нас точит
червь сомнения,
а после смерти —
червь обычный.

Закатные гарики

◻

Величественна и проста
в делах житейских роль Господня:
не кто, как Он, отверз уста
у тех, кто выпить звал сегодня.

◻

Старение — тяжкое бедствие,
к закату умнеют мужчины,
но пакостно мне это следствие
от пакостной этой причины.

◻

Меня пересолив и переперчив,
Господь уравновесил это так,
что стал я неразборчиво доверчив
и каждого жалею, как мудак.

◻

Я изо всех душевных сил
ценю творения культуры,
хотя по пьянке оросил
немало уличной скульптуры.

◻

Я дивлюсь устройству мира:
ведь ни разу воробей,
хоть и наглый, и проныра,
а не трахал голубей.

◻

Я времени себе не выбирал,
оно других не лучше и не хуже,
но те, кто мог бы вырасти в коралл,
комками пролежали в мелкой луже.

☐

Я думаю — украдкой и тайком,
насколько легче жить на склоне лет,
и спать как хорошо со стариком:
и вроде бы он есть, и вроде нет.

☐

Забыть об одиночестве попытка,
любовь разнообразием богата:
у молодости — радости избытка,
у старости — роскошество заката.

☐

За глину, что вместе месили,
за долю в убогом куске
подвержен еврей из России
тяжёлой славянской тоске.

☐

Хоть живу я благоденно и чинно,
а в затмениях души знаю толк;
настоящая тоска — беспричинна,
от неё так на луну воет волк.

☐

Мы стали снисходительно терпеть
излишества чужого поведения;
нет сил уже ни злиться, ни кипеть,
и наша доброта — от оскудения.

☐

Когда я сам себе перечу,
двоюсь настолько, что пугаюсь:
я то бегу себе навстречу,
то разминусь и разбегаюсь.

Закатные гарики

◻

Я недвижен в уюте домашнем,
как бы время ни мчалось в окне;
я сегодня остался вчерашним,
это завтра оценят во мне.

◻

Угрюмо замыкаюсь я, когда
напившаяся нелюдь и ублюдки
мне дружбу предлагают навсегда
и души облегчают, как желудки.

◻

Время дикое, странное, смутное,
над Россией — ни ночь, ни заря,
то ли что-то родит она путное,
то ли снова найдёт упыря.

◻

Невольно ум зайдёт за разум,
такого мир не видел сроду:
огромный лагерь весь и сразу
внезапно вышел на свободу.

◻

Давно уже в себя я погружён,
и в этой благодатной пустоте
я слишком сам собою окружён,
чтоб думать о толкучей суете.

◻

С восторгом я житейский ем кулич,
но вдосталь мне мешает насладиться
висящая над нами, словно бич,
паскудная обязанность трудиться.

◻

Зевая от позывов омерзения,
читаю чьи-то творческие корчи,
где всюду по извивам умозрения
витает аромат неясной порчи.

◻

Мы зорче и мягче, старея
в осенних любовных объятьях,
глаза наши видят острее,
когда нам пора закрывать их.

◻

Сегодня — время скепсиса. Потом
(неверие не в силах долго длиться)
появится какой-нибудь фантом
и снова озарит умы и лица.

◻

Куражится в мозгу моём вино
в извилинах обоих полушарий;
здоровье для того нам и дано,
чтоб мы его со вкусом разрушали.

◻

В его лице — такая скверна,
глаз отвести я не могу
и думаю: Кощей, наверно,
тайком любил Бабу-Ягу.

◻

Могу всегда сказать я честно,
что безусловный патриот:
я всюду думаю про место,
откуда вышел мой народ.

Закатные гарики

◻

Благоволение небес
нам если светит на пути,
то совращает нас не бес,
а чистый ангел во плоти.

◻

От нежных песен дев кудлатых
во мне бурлит, как тонкий яд,
мечта пернатых и женатых —
лететь, куда глаза глядят.

◻

Не те, кого не замечаем,
а те, с кем соли съели пуд
и в ком давно души не чаем,
нас неожиданно ебут.

◻

Люблю вечернее томление,
сижу, застыв, как истукан,
а вялых мыслей шевеление
родит бутылку и стакан.

◻

Всегда сулит улов и фарт
надежда — вранья и беглянка,
а дальше губит нас азарт
или случайная подлянка.

◻

Что стал я ветхий старичок,
меня не гложет грусть,
хотя снаружи я сморчок,
внутри — солёный груздь.

◻

Душа полна пренебрежения
к боязни сгинуть и пропасть,
напрасны все остережения,
когда уму диктует страсть.

◻

Не ведает ни берега, ни дна
слияние судьбы и линий личных,
наружная живётся жизнь одна,
а внутренние — несколько различных.

◻

Мы когда судьбе своей перечим,
то из пустоты издалека
дружески ложится нам на плечи
лёгкая незримая рука.

◻

Чтобы избегнуть липких нитей
хлопот и тягот вероятных,
я сторонюсь любых событий,
душе и разуму невнятных.

◻

Конечно, это горестно и грустно,
однако это факты говорят:
евреи правят миром так искусно,
что сами себе пакости творят.

◻

Характер мира — символический,
но как мы смыслы ни толкуй,
а символ истинно фаллический
и безусловный — только хуй.

Закатные гарики

□

Бог учёл в живой природе
даже духа дуновение:
если деньги на исходе,
то приходит вдохновение.

□

Земное бытиё моё густое —
не лишнее в цепи людской звено,
я сеял бесполезное, пустое,
никчёмное, но всё-таки зерно.

□

Сижу я с гостями и тихо зверею,
лицо — карнавал восхищения:
за что пожилому больному еврею
такое богатство общения?

□

Есть между сном и пробуждением
души и разума игра,
где ощущаешь с наслаждением,
что гаснуть вовсе не пора.

□

Век ушёл. В огне его и блуде
яркая особенность была:
всюду вышли маленькие люди
на большие мокрые дела.

□

Я друг зелёных насаждений
с тех лет, когда был полон сил
и много дивных услаждений
в тени их зарослей вкусил.

Закатные гарики

◻

Уже давно стихов моих
течёт расплавленный металл,
не сможет мир забыть о них,
поскольку мир их не читал.

◻

Не зря читал я книги,
дух мой рос,
даёт сейчас мой разум безразмерный —
на самый заковыристый вопрос —
ответ молниеносный и неверный.

◻

Я с незапамятной поры
душой усвоил весть благую,
что смерть не выход из игры,
а переход в игру другую.

◻

Давно уже явилось невзначай
ко мне одно высокое наитие:
чем гуще мы завариваем чай,
тем лучшее выходит чаепитие.

◻

Еврейский дух — слегка юродивый,
и зря еврей умом гордится,
повсюду слепо числя родиной
чужую землю, где родится.

☐

Как долго гнил ты,
бедный фрукт,
и внешне тухлый, и с изнанки,
ты не мерзавец, ты — продукт
российской чёрной лихоманки.

☐

Выбрав одинокую свободу,
к людям я с общеньем не вяжусь,
ибо я примкну ещё к народу
и в земле с ним рядом належусь.

☐

Совершенно обычных детей
мы с женой, слава Богу, родители;
пролагателей новых путей
пусть рожают и терпят любители.

☐

Хотя стихи — не то, что проза,
в них дух единого призвания,
и зря у кала и навоза
такие разные названия.

☐

В обед я рюмку водки
пью под суп,
и к ночи — до бровей уже налит,
а те, кто на меня имеет зуб,
гадают, почему он так болит.

☐

Все помыслы, мечты и упования
становятся живей от выпивания.

☐

Дух надежды людям так угоден,
что на свете нету постояннее
мифа, что по смерти мы уходим
в некое иное состояние.

☐

На некоторой стадии подпития
всё видится ясней, и потому
становятся понятными события,
загадочные трезвому уму.

☐

Густеет, оседая, мыслей соль,
покуда мы свой камень
в гору катим:
бесплатна в этой жизни —
только боль,
за радости мы позже круто платим.

☐

Обманываться — глупо и не надо,
ведь истинный пастух от нас сокрыт,
а рвутся все козлы возглавить стадо —
чтоб есть из лакированных корыт.

☐

Финал кино: стоит кольцом
десяток близких над мужчиной,
а я меж них лежу с лицом,
чуть опечаленным кончиной.

◻

Жизнь моя ушла на ловлю слова,
службу совратительному змею;
бросил бы я это, но другого
делать ничего я не умею.

◻

Сотрись, не подводи меня, гримаса,
пора уже привыкнуть,
что ровесники,
которые ни рыба и ни мясо,
известны как орлы и буревестники.

◻

Моя шальная голова
не переносит воздержания
и любит низкие слова
за высоту их содержания.

◻

Я злюсь, когда с собой я ссорюсь,
переча собственной натуре,
а злит меня зануда-совесть,
никак не спится этой дуре.

◻

Политики весьма, конечно, разны
и разные блины они пекут,
но пахнут одинаково миазмы,
которые из кухонь их текут.

Закатные гарики

☐

Уже для этой жизни староват
я стал, хотя умишко —
в полной целости;
всё время перед кем-то виноват
оказываюсь я по мягкотелости.

☐

В российской оперетте
исторической
теперь уже боюсь я не солистов,
а слипшихся слюной
патриотической
хористов и проснувшихся статистов.

☐

Возможно, мыслю я убого,
но я уверен, как и прежде:
плоть обнажённая — намного
духовней, нежели в одежде.

☐

Девицы с мечтами бредовыми,
которым в замужестве пресно,
душевно становятся вдовами
гораздо скорей, чем телесно.

☐

Печально мне, что нет лечения
от угасания влечения.

☐

Конечно, Ты меня, Господь,
простишь
за то, что не молился, а читал,
к тому же свято чтил я
Твой престиж:
в субботу — алкоголь предпочитал.

◻

Весь век меня то Бог, то дьявол
толкали в новую игру,
на нарах я баланду хавал,
а на банкетах ел икру.
Я написать хочу об этом,
но стал я путаться с годами:
не то я крыл туза валетом,
не то совал десятку даме.
Плывут неясной чередой
туманы дня, туманы ночи...
Когда-то был я молодой,
за что-то баб любил я очень.

◻

Где б теперь ни жили,
с нами навсегда
многовековая русская беда.

◻

Век мой суетен, шумен, жесток,
и храню в нём безмолвие я;
чтоб реветь — я не горный поток,
чтоб журчать — я ничья не струя.

◻

Подумав, я бываю поражён,
какие фраера мы и пижоны:
ведь как бы мы любили наших жён,
когда б они чужие были жёны!

◻

Везде, где пьют из общей чаши,
где песни звук и звон бокалов,
на всяком пире жизни нашей
вокруг полным-полно шакалов.

Закатные гарики

◻

Да, мечта не могла
быть не мутная,
но не думалось даже украдкой,
что свобода — шалава беспутная
с уголовно кручёной повадкой.

◻

Скудеет жизни вещество,
и явно стоит описания,
как возрастает мастерство
по мере телоугасания.

◻

Господь безжалостно свиреп,
но стихотворцам, если нищи,
даёт перо, вино и хлеб,
а ближе к ночи — девок ищет.

◻

Ещё едва-едва вошёл в кураж,
пора уже отсюда убывать,
а чувство — что несу большой багаж,
который не успел распаковать.

◻

Очень я игривый был щенок,
но, дожив до старческих седин,
менее всего я одинок
именно в часы, когда один.

☐

Везде, где нет запоров у дверей,
и каждый для любого — брат и друг,
еврей готов забыть, что он еврей,
однако это помнят все вокруг.

☐

Всецело доверясь остатку
духовной моей вермишели,
не раз попадал я в десятку
невинной соседней мишени.

☐

Я не пророк, не жрец, не воин,
однако есть во мне харизма,
и за беспечность я достоин
апостольства от похуизма.

☐

Купаю уши
в мифах и парашах,
никак и никому не возражая;
ещё среди живых немало наших,
но музыка вокруг — уже чужая.

☐

Как только жить нам надоест,
и Бог не против,
Он ускоряет нам разъезд
души и плоти.

Закатные гарики

◻

Любой, повсюду и всегда
чтоб не распался коллектив,
на вольный дух нужна узда,
на вольный ум — презерватив.

◻

Я мир осязал без перчаток
при свете, во тьме и на дне,
и крыльев моих отпечаток
не раз я оставил в гавне.

◻

У жизни множество утех
есть за любыми поворотами,
и не прощает Бог лишь тех,
кто пренебрёг Его щедротами.

◻

Старик не просто жить устал,
но более того:
ему воздвигли пьедестал —
он ёбнулся с него.

◻

Заметил я порок врождённый
у многих творческих людей:
кипит их разум повреждённый
от явно свихнутых идей.

◻

Всего на свете мне таинственней,
что наши вывихи ума
порой бывают ближе к истине,
чем эта истина сама.

◻

Прогнозы тем лишь интересны,
что вместо них текут сюрпризы,
ведь даже Богу не известны
Его грядущие капризы.

◻

Я принёс из синагоги
вечной мудрости слова:
если на ночь вымыть ноги,
утром чище голова.

◻

Сопровождает запах пиршества
мои по жизни прегрешения,
я слабый тип: люблю излишества
намного больше, чем лишения.

◻

Ешьте много, ешьте мало,
но являйте гуманизм
и не суйте что попало
в безответный организм.

◻

Нахожусь я в немом изумлении,
осознав, как убого живу,
ибо только в одном направлении
я по жизни всё время плыву.

◻

Бог часто ищет утешения,
вращая глобус мироздания
и в душах пафос разрушения
сменяя бредом созидания.

Закатные гарики

□

Я знавал не одно приключение,
но они мне не дали того,
что несло и несёт заключение
в одиночке себя самого.

□

Нет, я пока не знаю — чей,
но принимаю как подарок,
что между пламенных свечей
ещё чадит и мой огарок.

□

Давно уж качусь я со склона,
а глажу — наивней мальчишки —
тугое и нежное лоно
любой подвернувшейся книжки.

□

Писал, играл, кутил,
моя и жизни связь
калилась на огне
и мочена в вине,
но вдруг я ощутил,
угрюмо удивясь,
что колокол во мне
звонит уже по мне.

□

По-прежнему живя легко и праздно,
я начал ощущать острей гораздо,
что время, приближаясь к вечной ночи,
становится прозрачней и короче.

☐

Время — лучший лекарь,
это верно,
время при любой беде поможет,
только исцеляет очень скверно:
мы чуть позже
гибнем от него же.

☐

На время и Бога в обиде
я думаю часто под вечер,
что те, кого хочется видеть,
не здесь уже ждут нашей встречи.

☐

Всё то же и за тридевять земель:
кишение по мелочной заботе,
хмельные пересуды пустомель,
блудливое почтение к работе.

☐

У Бога (как мы ни зови
бесплотный образ без одежды)
есть вера в нас, но нет любви,
а потому и нет надежды.

☐

Успеха и славы венок
тяжёлой печалью прострочен:
и раньше ты был одинок,
теперь ты ещё одиноче.

◻

Развил я важное умение,
судьбе сулящее удачу:
я о себе имею мнение,
но от себя его я прячу.

◻

Покоем обманчиво вея,
предательски время течёт,
привычка нас держит сильнее,
чем держат любовь и расчёт.

◻

Ветрами времени хранимо,
вплетаясь в каждое дыхание,
течёт по воздуху незримо
моей души благоухание.

◻

Весьма, конечно, старость ощутима,
но ценным я рецептом обеспечен:
изношенной душе необходима
поливка алкоголем каждый вечер.

◻

Былое — мелкие цветочки
на фоне будущей поры,
куда мы все в огромной бочке
бесшумно катимся с горы.

◻

Кипят амбиции, апломбы,
пекутся пакты и процессы,
и тихо-тихо всюду бомбы
лежат, как спящие принцессы.

Закатные гарики

□

В соседстве с лихим окаянством
отрадно остаться изгоем,
то сном наслаждаясь, то пьянством,
то книжным беспутным запоем.

□

Как зоопарковый медведь,
растленный негою дремотной,
уже не в силах я взреветь
с отвагой ярости животной.

□

Пока течёт и длится срок,
меняя краски увядания,
мой незначительный мирок
мне интересней мироздания.

□

Печалью душу веселя,
в журналах той эпохи нищей
люблю хлебнуть я киселя,
который был высокой пищей.

□

Не знаю, что в небесных высях
и что в заоблачных полях,
а тут — запутался я в мыслях,
как раньше путался в соплях.

□

Раскрылись выходы и входы,
но волю выдали снаружи,
и равнодушие свободы
нам тяжелее лютой стужи.

☐

Входя на сцену из кулис,
горя огнём актёрской страсти,
смотрю на зал я сверху вниз,
хотя в его я полной власти.

☐

Повсюду, где случалось поселиться —
а были очень разные места, —
встречал я одинаковые лица,
их явно Бог лепил, когда устал.

☐

Давно уже я понял непреложно
устройство созидательного рвения:
безденежье (когда не безнадёжно) —
могучая пружина вдохновения.

☐

При сильно лихой непогоде
тревожится дух мой еврейский,
в его генетическом коде
ковчег возникает библейский.

☐

Езжу я по свету
чаще, дальше,
все мои скитания случайны,
только мне нигде уже,
как раньше,
голову не кружит запах тайны.

Закатные гарики

◻

Источник ранней смерти
крайне прост:
мы нервы треплем —
ради, чтобы, для —
и скрытые недуги в бурный рост
пускаются, корнями шевеля.

◻

В России всегда
в разговоре сквозит
идея (хвалебно, по делу),
что русский еврей —
не простой паразит,
а нужный хозяйскому телу.

◻

Вся интимная плеяда
испарилась из меня —
нету соли, нету яда,
нету скрытого огня.

◻

Только что вставая с четверенек,
мы уже кусаем удила,
многие готовы ради денег
делать даже добрые дела.

◻

Опыт не улучшил никого;
те, кого улучшил, врут безбожно;
опыт — это знание того,
что уже исправить невозможно.

☐

Про подлинно серьёзные утраты
жалеть имеют право лишь кастраты.

☐

Хоть лопни, ямба от хорея
не в силах был я отличить,
хотя отменно знал еврея,
который брался научить.

☐

Не зря из мужиков сочится стон
и жалобы, что жребий их жесток:
застенчивый досвадебный бутон
в махровый распускается цветок.

☐

Романтик лепит ярлыки,
потом воюет с ярлыками,
а рядом режут балыки
или сидят за шашлыками.

☐

Как метры составляют расстояние,
как весом измеряется капуста,
духовность — это просто состояние,
в котором одиночество не пусто.

☐

Ища свой мир в себе, а не вовне,
чуть менее полощешься в гавне.

Закатные гарики

◻

Повсюду мысли покупные,
наживы хищные ростки,
и травят газы выхлопные
душ неокрепших лепестки.

◻

Давно про эту знал беду
мой дух молчащий:
весна бывает раз в году,
а осень — чаще.

◻

Не раз наблюдал я,
как быстро девица,
когда уже нету одежды на ней,
от Божьего ока спеша заслониться,
свою наготу прикрывает моей.

◻

Когда от тепла диктатуры
эпоха кишит саранчой,
бумажные стены культуры
горят или пахнут мочой.

◻

Что многое я испытал —
лишь духу опора надёжная,
накопленный мной капитал —
валюта, нигде не платёжная.

◻

Обуглясь от духовного горения,
пылая упоительным огнём,
я утром написал стихотворение,
которое отнёс в помойку днём.

◻

Из рук вон хороши мои дела,
шуршащие мыслительной текучкой,
судьба меня до ручки довела,
и до сих пор пишу я этой ручкой.

◻

Всё стало фруктовей,
хмельней и колбасней,
но странно растеряны мы:
пустыня свободы —
страшней и опасней
уютного быта тюрьмы.

◻

Сумеет, надеюсь,
однажды планета
понять по российской гульбе,
что тьма —
не простое отсутствие света,
а нечто само по себе.

◻

Мне в уши
отовсюду льётся речь,
но в этой размазне
быстротекущей
о жизни понимание извлечь
возможно из кофейной
только гущи.

Закатные гарики

◻

Тёк безжалостно и быстро
дней и лет негромкий шорох;
на хера мне Божья искра,
если высыпался порох?

◻

Пьёт соки из наследственных корней
духовная таинственная сфера,
и как бы хорошо ни жил еврей,
томят еврея гены Агасфера.

◻

Дорога к совершенству не легка
и нет у просветления предела;
пойду-ка я приму ещё пивка,
оно уже вполне захолодело.

◻

От каждой потери и каждой отдачи
наш дух не богаче, но дышит иначе.

◻

Едва лишь былое копни —
и мёртвые птицы свистят,
и дряхлые мшистые пни
зелёной листвой шелестят.

◻

Литавры и лавры успеха
меня не подружат с мошенником,
и чувство единого цеха
скорей разделю я с отшельником.

☐

Цветы на полянах обильней растут
и сохнут от горя враги,
когда мы играем совместный этюд
в четыре руки и ноги.

☐

Болванам
легче жить с болванками:
прочней семейный узелок,
когда невидимыми планками
означен общий потолок.

☐

История мало-помалу
устала плести свою сказку,
и клонится время к финалу,
и Бог сочиняет развязку.

☐

Очень тяжело — осознавать,
что любому яростному тексту
свойственна способность остывать,
делаясь пустым пятном по месту.

☐

От мира напрочь отвернувшись,
я ночи снов живу не в нём,
а утром радуюсь, проснувшись,
что снова спать залягу днём.

Закатные гарики

☐

Не слабей наркотической дури
помрачает любовь наши души,
поздней осенью майские бури
вырывают из почвы и рушат.

☐

Источник веры — пустота,
в которой селится тревога;
мы в эти гиблые места
зовём тогда любого бога.

☐

Однажды жить решу я с толком:
я приберу свою нору,
расставлю всё по нужным полкам,
сложу все папки — и умру.

☐

Закладывать по жизни виражи,
испытывая беды и превратности, —
разумно, если видишь миражи
с хотя бы малой каплей вероятности.

☐

У Бога нету малой малости:
нет милосердия и жалости.

☐

Грешил я, не ведая меры,
но Богу я нужен такой:
чужие дурные примеры
всем дарят душевный покой.

☐

С яростью и пылом идиота
силюсь я в потуге холостой
думать, что рождён я для чего-то,
а не по случайности пустой.

☐

Непрестанно, то вслух, то тайком
я твержу к этой жизни припев:
кто садится за стол с дураком,
тот со стула встаёт, поглупев.

☐

На выставках тешится публика
высокой эстетикой разницы,
смакуя, что дырка от бублика —
иная, чем дырка от задницы.

☐

Не скованы если затеи
ни Божьим, ни будничным страхом,
рабы, холуи и лакеи
дерзают с особым размахом.

☐

О людях вслух я не сужу,
ничьих не порчу репутаций
и даже мыслей не держу,
боясь по пьянке проболтаться.

☐

Еврея в русский климат занесло
достаточно давно, и потому
мы местное впитать успели зло
и стали тесно родственны ему.

Закатные гарики

□

Глупо думать, что я лицемерю —
в этом нету нужды у паяца,
я кощунствую — значит, я верю,
над ничем невозможно смеяться.

□

Зачем
толпимся мы у винной бочки?
Затем,
чтоб не пропасть поодиночке.

□

Россия легко переносит урон
своих и ветвей и корней,
и чёрные списки для белых ворон
всегда пригождаются в ней.

□

А псы, в те дни кишевшие окрест
(густая слежка, обыск и арест),
запомнились как некто вообще —
безликий, но при шляпе и плаще.

□

Нет, на бегство я не уповал,
цепи я не рвал, не грыз, не резал,
я чихал на цепи и плевал,
и проела ржавчина железо.

□

Увы, наш дух мечтами не богат:
на небо покаянно приплестись,
поплакаться, что слаб и виноват,
и вновь на Божьих пастбищах пастись.

◻

В сей жизни полагаю я щитом
готовность утлый разум превозмочь,
легко почерпать воду решетом
и в ступе с интересом потолочь.

◻

Забыв про старость и семью,
согретый солнечным лучом,
сажусь я в парке на скамью
и размышляю ни о чём.

◻

А верю я всему покамест:
наступит светлая пора,
детей в семью приносит аист,
вожди желают нам добра.

◻

Сон был такой: небес абориген,
в земном существовании — Сенека
смеялся, что несчастный Диоген
и здесь напрасно ищет человека.

◻

Несчётно разнолика наша россыпь,
делясь ещё притом на племена,
и счастлива любая сучья особь
тому, что кто-то хуже, чем она.

◻

На лицах у супружеской четы,
нажившей и потомство и добро,
являются похожие черты —
удачной совместимости тавро.

Закатные гарики

☐

Покоем и бездельем дорожа,
стремлюсь, чтоб суета текла не густо,
к тому же голова тогда свежа,
как только что политая капуста.

☐

Дыша безумием экспресса,
наука правит бал земной,
и светится слеза прогресса
из абажура надо мной.

☐

Во всём я вровень жил со всеми,
тая неверие своё,
когда искал иголку в сене,
хотя и знал, что нет её.

☐

Все чувства словно бы воскресли
и душу радуют мою
в часы, когда хмельные песни
пропащим голосом пою.

☐

Как увижу бутыль —
отвожу я глаза,
отзывается стоном душа,
и шалят у замшелой души тормоза,
разум деньги считает, шурша.

☐

Между мной и днём грядущим
в некий вечер ляжет тень,
и, подобно всем живущим,
я не выйду в этот день.

Закатные гарики

☐

Забавно, что прозрачный сок лозы,
ласкаясь, как доверчивый щенок,
немедленно влияет на язык,
а после добирается до ног.

☐

Ночные не томят меня кошмары —
пожар, землетрясение, обвал,
но изредка я вижу крыс и нары —
чтоб родину, видать, не забывал.

☐

...И блудолицая девица,
со мной стремясь духовно слиться,
меня душила бюстом жарким...
Очнулся я со стоном жалким;
сон побуждал опохмелиться.

☐

Какой сейчас высокой думой
мой гордый разум так захвачен?
О том, что слишком низкой суммой
был жар души вчера оплачен.

☐

От всех житейских бурь и ливней,
болот и осыпи камней —
блаженны те, кто стал наивней,
несчастны все, кто стал умней.

☐

Тщедушное почтение к отчизне
внушило нам умение в той жизни
рассматривать любое удушение
как магию и жертвоприношение.

☐

Не жалко мне,
что жизнь проходит мимо,
догнать её ничуть не порываюсь,
моё существование не мнимо,
покуда в нём я сам не сомневаюсь.

☐

Поставил я себе порог —
не пить с утра и днём,
и я бы выполнил зарок,
но я забыл о нём.

☐

Пускай витийствует припадочно
любой, кто мыслями томим,
а у меня ума достаточно,
чтоб я не пользовался им.

☐

Стал я с возрастом опаслив:
если слышу вдруг о ком,
то бываю тихо счастлив,
что и с этим не знаком.

☐

День вертит
наши толпы в хороводе,
и к личности — то слеп, то нетерпим,
а ночью каждый волен и свободен,
поэтому так разно мы храпим.

Закатные гарики

☐

О мраке разговор
или лазури,
в какие кружева
любовь ни кутай,
но женщина,
когда её разули,
значительно
податливей обутой.

☐

Готовясь к неизбежным
тяжким карам,
я думаю о мудрости небес:
всё лучшее
Творец даёт нам даром,
а прочее — подсовывает бес.

☐

Когда уже в рассудке
свет потушен,
улёгся вялых мыслей винегрет,
не ведают покоя только души,
готовя сновидения и бред.

☐

А жалко мне, что я не генерал
с душою, как незыблемый гранит,
я столько бы сражений проиграл,
что стал бы легендарно знаменит.

☐

А глубина — такой пустой
порой бывает у мыслителей,
что молча стыд сочит густой
немая глина их обителей.

◻

Пожары диких войн отполыхали,
планету фаршируя мёртвым прахом;
но снова слышу речи, вижу хари
и думаю о правнуках со страхом.

◻

Вся трагедия жизни моей —
что судьбе я соавтор по ней.

◻

Свалился мне на голову кирпич,
я думаю о нём без осуждения:
он, жертвуя собой, хотел постичь
эстетику свободного падения.

◻

У меня есть со многими сходство,
но при этом — нельзя не понять —
несомненно моё первородство,
ибо все его жаждут отнять.

◻

Чтоб не свела тоска тягучая
в её зыбучие пески,
я пью целебное горючее,
травя зародыши тоски.

◻

Не корчу я духом убогого,
но чужд и смирения лживого,
поскольку хочу я немногого,
однако же — недостижимого.

Закатные гарики

☐

Хоть самому себе, но внятно
уже пора сказать без фальши,
что мне доныне непонятно
всё непонятное мне раньше.

☐

Какого и когда бы ни спросили
оракула о будущем России,
то самый выдающийся оракул
невнятно бормотал и тихо плакал.

☐

Всерьёз меня волнует лишь угроза —
подумаю, мороз бежит по коже, —
что я из-за растущего склероза
начну давать советы молодёжи.

☐

Хотя умом и знанием убоги,
мы падки на крутые обобщения,
похоже, нас калечат педагоги,
квадратные колёса просвещения.

☐

По комнате моей
клубятся тени,
чей дух давно витает беспечально,
и с ними я общаюсь,
а не с теми,
которым современник я случайно.

☐

Ещё по инерции щерясь,
не вытерши злобных слюней,
все те, кто преследовал ересь, —
теперь генералы при ней.

☐

За то я и люблю тебя, бутылка,
что время ненадолго льётся вспять,
и разума чадящая коптилка
слегка воспламеняется опять.

☐

Скорби наши часто безобразны,
как у нищих жуликов — их язвы.

☐

Как раз когда находишься в зените —
предельны и азарт и наслаждение, —
фортуна рвёт невидимые нити,
и тихо начинается падение.

☐

Наш мир — за то, что всё в порядке, —
обязан, может быть, молитвам,
но с несомненностью — тетрадке,
где я слова связую ритмом.

☐

Нет, ни холстом, ни звуком клавиш,
ни книжной хрупкой скорлупой
дух не спасёшь и не избавишь
от соучастия с толпой.

☐

От каждого любовного свидания
светлеет атмосфера мироздания.

Закатные гарики

□

Хлеща привольно и проворно,
кишащей мерзости полна,
уже доходит нам до горла
эпохи пенная волна.

□

Повсюду свинство или скотство,
и прохиндей на прохиндее,
и чувство странного сиротства —
тоска по умершей идее.

□

Сегодня только тёмный истукан,
изваянный из камня-монолита,
отвергнет предлагаемый стакан,
в который благодать уже налита.

□

Дурная получилась нынче ночь:
не спится, тянет выпить и в дорогу;
а Божий мир улучшить я не прочь,
но как — совсем не знаю, слава Богу.

□

Души напрасная растрава,
растрата времени и сил —
свободой даренное право
на то, чего ты не просил.

□

Моя кудрявая известность,
как полоумная девица,
ушла за дальнюю окрестность
в болоте времени топиться.

◻

Зря бранит меня чинная дура
за слова, что у всех на устах,
обожает любая культура
почесаться в укромных местах.

◻

Всюду юрко снуёт воровство,
озверевшие воют народы,
и лихое в ночи баловство,
и земля не родит бутерброды.

◻

Я исповедую мораль,
с которой сам на свете жил:
благословенны лгун и враль,
пока чисты мотивы лжи.

◻

В душе — руины, хлам, обломки,
уже готов я в мир иной,
и кучерявые потомки
взаимно вежливы со мной.

◻

Ох, я боюсь людей непьющих,
они — опасные приятели,
они потом в небесных кущах
над нами будут надзиратели.

◻

Я лягу в землю плотью смертной,
уже недвижной и немой,
и тени дев толпой несметной
бесплотный дух облепят мой.

Закатные гарики

□

Весь день я думал, а потом
я ближе к ночи понял мудро:
соль нашей жизни просто в том,
что жизнь — не сахарная пудра.

□

Грядущий век пойдёт научно,
я б не хотел попасть туда:
нас раньше делали поштучно,
а там — начнут расти стада.

□

Когда фортуна шлёт кормушку
и мы блаженствуем в раю,
то значит — легче взять на мушку
нас в этом именно краю.

□

Когда-то, в упоении весеннем
я думал — очень ветрен был чердак,
что славно можно жить,
кормясь весельем,
и вышел я в эстрадники, мудак.

□

Кто алчен был и жил напористей,
кто рвал подмётки на ходу,
промчали век на скором поезде,
а я пока ещё иду.

□

Духовно зрячими слепили
нас те, кто нас лепили где-то,
но мы умеем быть слепыми,
когда опасно чувство света.

❑

Шумиха наших кривотолков,
мечты, надежды, мифы наши
потехой станут у потомков,
родящих новые параши.

❑

Пивною пенистой тропой
с душевной близостью к дивану
не опускаешься в запой,
а погружаешься в нирвану.

❑

Я всё же очень дикий гусь:
мои устои эфемерны —
душой к дурному я влекусь,
а плотью — тихо жажду скверны.

❑

Не знаю, как по Божьей смете
должна сгореть моя спираль,
но я́ бы выбрал датой смерти
число тридцатое, февраль.

❑

Раскидывать чернуху на тусовке
идут уже другие, как на танцы,
и девок в разноцветной расфасовке
уводят эти юные засранцы.

❑

Безоблачная старость — это миф,
поскольку наша память —
ширь морская,
и к ночи начинается прилив,
со дна обломки прошлого таская.

Закатные гарики

☐

Хоть мы браним себя, но всё же
накал у гнева не такой,
чтоб самому себе по роже
заехать собственной рукой.

☐

Куча у меня в моём дому
собрано различного всего,
многое — бесценно, потому
что совсем не стоит ничего.

☐

Будь в этой жизни я трезвее,
имей хоть чуть побольше лоска,
уже давно бы я в музее
пылился статуей из воска.

☐

Не хочется довольствоваться малым,
в молитвенных домах
не трону двери,
небесным обсуждался трибуналом
и был я присуждён им к высшей вере.

☐

Во всех веках течёт похоже
сюжет, в котором текст не нужен
и где в конце одно и то же:
слеза вдовы и холм над мужем.

☐

У врачебных тоскуя дверей,
мы болезни вниманием греем
и стареем гораздо быстрей
от печали, что быстро стареем.

◻

Сев тяжело, недвижно, прочно,
куда-то я смотрю вперёд;
задумчив утром так же точно
мой пёс, когда на травку срёт.

◻

Везде в чаду торгового угара
всяк вертится при деле,
им любимом,
былые короли гавна и пара
теперь торгуют воздухом и дымом.

◻

В повадках канувшей империи,
чтоб уважала заграница,
так было много фанаберии,
что в нас она ещё дымится.

◻

Пью водку, виски и вино я,
коньяк в утробу лью худую,
существование иное
я всем врагам рекомендую.

◻

А мужикам понять пора бы,
напрасно рты не разевая,
что мирозданья стержень — бабы,
чья хрупкость — маска боевая.

◻

За то, что некогда гоним был
и тёмным обществом помят,
я не украшу лик мой нимбом,
поскольку сильно был не свят.

☐

Есть бабы из диковинного теста,
не молкнет в них
мучительная нота:
жена и мать, но всё ещё невеста,
и сумрачное сердце
ждёт кого-то.

☐

Столетиями вертится рулетка,
толпа словивших выигрыш
несметна,
и только заколдованная клетка,
где счастье и покой, —
она посмертна.

☐

У гибели гуляя на краю,
к себе не пребывали мы
в почтении,
сегодня я листаю жизнь мою,
и волосы шевелятся при чтении.

☐

Да, специально нас не сеяли,
но по любой пройтись округе —
и мы кишмя кишим на севере,
востоке, западе и юге.

☐

Нас увозил фортуны поезд,
когда совсем уже припёрло,
везде сейчас дерьма по пояс,
но мы-то жили, где по горло.

Закатные гарики

◻

Напомнит о помыслах добрых
в минувшее кинутый взгляд,
и вновь на срастившихся рёбрах
следы переломов болят.

◻

Настырный сон —
хожу в проходе,
на нарах курят и галдят,
а я-то знаю: те, кто ходят,
чуть забывают, что сидят.

◻

В пыли замшелых канцелярий,
куда я изредка захаживал,
витают души Божьих тварей,
когда-то здесь усохших заживо.

◻

Страдал я лёгким, но пороком,
живя с ним годы беспечальные:
я очень склонен ненароком
упасть в объятия случайные.

◻

Тоску, печаль, унынье, грусть,
угрюмых мыслей хоровод —
не унимай, Господь, но пусть
они не застят небосвод.

◻

Всегда в удачно свитых гнёздах,
как ни темны слова и лица,
совсем иной житейский воздух,
чем в доме, склонном развалиться.

□

Когда устал, когда остыл,
и на душе темно и смутно,
любовь не фронт уже, а тыл,
где безопасно и уютно.

□

В игре, почти лишённой правил,
чтоб не ослабло к ней влечение,
Творец искусно предоставил
нам пыл, азарт и помрачение.

□

Увы, чистейшей пробы правда,
поддавшись кличу боевому,
как озверевшая кувалда,
подряд молотит по живому.

□

По всем векам летит булыжник,
и невозможно отстраниться,
а за стеклом — счастливый книжник
над некой мудрою страницей.

□

Сейчас пойду на именины,
явлю к напиткам интерес,
и с ломтем жареной свинины
я пообщаюсь наотрез.

□

Что было в силах — всё исполнили,
хоть было жить невыносимо,
а долгий свет несвойствен молнии,
за то, что вспыхнули, спасибо.

Закатные гарики

☐

Не зря, упоённо сопя и рыча,
так рабской мы тешились пищей:
я музу свободы вчера повстречал —
она была рваной и нищей.

☐

Мне ничуть не нужен
пруд пейзанский,
мне не надо речки и дождя,
я колодец мой раблезианский
рою, от стола не отходя.

☐

Что-то никем я нигде не служу,
что-то с тоской то сижу, то лежу,
что-то с людьми я не вижусь давно,
всюду эпоха, а мне всё равно.

☐

Всё, что в душе носил — изношено,
живу теперь по воле случая,
и ничего не жду хорошего,
хотя упрямо верю в лучшее.

☐

Нетрудно обойти любые сложности,
в себе имея к этому готовность:
мои материальные возможности
мне очень помогли возжечь духовность.

☐

Вполне терпимо бытиё,
когда с толпой — одна дорога,
а чтобы гнуть в судьбе своё,
его должно быть очень много.

☐

Держусь я в стороне
и не устану
посланцев отгонять,
как нудных пчёл,
враждебному и дружескому стану
я стан моей подруги предпочёл.

☐

Навряд ли в Божий план входило,
чтобы незрячих вёл мудила.

☐

Поэтессы в любви прихотливы
и не всем раскрывают объятья,
норовя про плакучие ивы
почитать, вылезая из платья.

☐

Не потому ли я безбожник
и дух укрыт, как дикобраз,
что просто тёмен, как сапожник?
Но он-то верует как раз.

☐

Нытью, что жребий наш плачевен
и в мире мало душ родных,
целебен жирный чад харчевен
и волокнистый дым пивных.

☐

Она грядёт, небес подмога:
всех переловят, как собак,
и ангелы — посланцы Бога
отнимут водку и табак.

Закатные гарики

□

Мы эпоху несли на плечах,
и была нам не в тягость обуза,
но, по счастью, увял и зачах
пыл пустого таскания груза.

□

Кто без страха
с реальностью дружит,
тот о ней достовернее судит:
раньше было значительно хуже,
но значительно лучше, чем будет.

□

Томит бессонница. Уснуть бы
и до утра не просыпаться;
а мирового духа судьбы —
мне вовсе по хую, признаться.

□

Порою мне ужасно жалко,
что льётся мимо звон монет;
есть ум, энергия, смекалка,
но между ними связи нет.

□

На кривой не объедешь кобыле
некий дух, что везде неспроста:
есть поэзия — музы там были,
но интимные мыли места.

□

После юных творческих метаний
денежным тузом бедняга стал;
призраки несбывшихся мечтаний
часто воплощаются в металл.

☐

Ясен дух мой,
и радость чиста,
снова жить я хочу и готов,
если текст мой
выходит в места,
где чужих я не вижу следов.

☐

Книжек ветхих
любезно мне чтение,
шёл по жизни
путём я проторенным,
даже девкам весь век предпочтение
отдавал я уже откупоренным.

☐

Творцы различаются
в мире растленном
не только душевным накалом,
но службой убийцам,
но службой гиенам,
а те, кто помельче, — шакалам.

☐

К любому подлому подвоху
идя с раскрытыми глазами,
Россия в новую эпоху
вошла со старыми козлами.

☐

Меня оттуда съехать попросили,
но я — сосуд российского сознания
и часто вспоминаю о России,
намазывая маслом хлеб изгнания.

Закатные гарики

☐

Люблю я этот мир порочный,
хотя вполне готов к тому,
что некто в некий час урочный
погасит свет и включит тьму.

☐

Всё, что хочешь, отыщется тут —
вонь помоев и запахи вечности,
на обочинах жизни растут
голубые фиалки беспечности.

☐

Ни с кем не успевая поделиться,
я часто оборачиваюсь вслед:
любовь на окружающие лица
бросает мимоходом лёгкий свет.

☐

Можно очень дикими согреться
мыслями, короткими, как искра:
если так разрывно колет сердце —
значит, я умру легко и быстро.

☐

Я не был ни настырен, ни назойлив,
я свято блюл достоинство и честь:
глаза и уши зала намозолив,
я тихо плёлся выпить и поесть.

☐

Не ждёшь,
а из-за кромки горизонта —
играющей судьбы заначка свежая —
тебе навстречу нимфа, амазонка,
наяда или просто блядь проезжая.

☐

Я не люблю азарт гадания,
потом печаль, что ждал вотще,
грядёт лишь то без опоздания,
о чём не думал вообще.

☐

Всё грязное, больное и гнилое,
что в рабстве родилось от унижения,
сегодня распустилось в удалое
гуляние российского брожения.

☐

Я безрадостный слышу мотив,
у меня обольщения нет,
ибо серость, сольясь в коллектив,
обретает коричневый цвет.

☐

Из беды, из несчастья, из горя
выходя (тьфу-тьфу-тьфу)
невредим,
обретаешь повадку изгоя,
а чуть позже — становишься им.

☐

Ползёт мой текст
весьма порой со скрипом,
корявый
от избытка низкой прозы;
Бог даст,
я напишу уже постскриптум:
жалею,
что сбылись мои прогнозы.

Закатные гарики

☐

Небо медлит,
если даже благосклонно,
и не надо ждать от засухи дождя,
справедливость
торжествует неуклонно,
просто пару поколений погодя.

☐

Всегда одним и тем же знаменит:
плетя с евреем рядом жизни кружево,
еврея не любил антисемит
сильнее,
чем еврей того заслуживал.

☐

Да, уже мы скоро все там
соберёмся, милый мой,
интересно только — светом
или гнилостью и тьмой?

☐

Грустно щиплет всё живое
личную струну,
даже ночью каждый воет
на свою луну.

☐

Душа, устремляясь в гастроль
к родившейся плоти намеченной,
порой попадает на роль,
где стать суждено искалеченной.

◻

Прикинутого фраера типаж
повсюду украшает наш пейзаж,
он даже если только в неглиже,
то яйца у него — от Фаберже.

◻

Дешёвыми дымили папиросами,
Вольтерами себя не объявляли,
но в женщине с культурными запросами
немедля и легко их утоляли.

◻

Среди всемирного банкротства
любых высоких слов и фраз
родство душевного сиротства
любовью связывает нас.

◻

Коварство, вероломство и корысть
игру свою ловчат настолько точно,
что глотку нынче могут перегрызть
без боли, анонимно и заочно.

◻

Разум по ночам —
в коротком отпуске,
именно отсюда наши отпрыски,
и текут потоки малолеток —
следствие непринятых таблеток.

◻

Попавши в сочетание случайное,
слова имеют свойство обрести
внезапное согласное звучание
у смысла в собирающей горсти.

Закатные гарики

◻

Во мне видна уже до дна
ума канистра;
не бойся старости, она
проходит быстро.

◻

Когда к какой-нибудь давалке
я устремляю взор непраздный,
эфир, ласкающий фиалки,
в тот миг меня грубей гораздо.

◻

Ни в чём и никому не подражатель,
не сын и не питомец горных высей,
по духу я скорее содержатель
притона беглых слов
и блудных мыслей.

◻

Сноровка ослабла,
похвастаться нечем,
я выпить могу
очень мало за вечер,
и тяжко настолько
в душе с бодуна,
как будто я на хуй
послал колдуна.

◻

Блаженны те, кто не галдя,
но собственным трудом
из ветра, света и дождя
себе возводят дом.

◻

Ткань жизни сожжена почти дотла,
в душе и на гортани —
привкус терпкий,
уже меня великие дела
не ждут,
а если ждут, пускай потерпят.

◻

У мудрых дев — поплоше лица
и вся фигуристость — не броская,
а крутозадая девица
зато умом обычно плоская.

◻

Кичлив и шумен, мир огромный
на страшный сон порой похож,
я рад, что в угол мой укромный
он даже запахом не вхож.

◻

С подонством, пакостью и хамством
по пьесе видясь в каждом акте,
я всё же с дьявольским упрямством
храню свой ангельский характер.

◻

День за день устаёт и, вечерея,
он сумеркам приносит теплоту
печально умудрённого еврея,
готового к уходу в темноту.

◻

Загадка, заключённая в секрете,
жужжит во мне, как дикая пчела:
зачем-то лишь у нас на белом свете
сегодня наступает со вчера.

◻

Я с утра томлюсь в неясной панике,
маясь от тоски и беспокойства —
словно засорилось что-то в кранике,
капающем сок самодовольства.

◻

Приличий зоркие блюстители,
цензуры нравов почитатели —
мои первейшие хулители,
мои заядлые читатели.

◻

Вокруг супружеской кровати —
не зря мы брак боготворим —
витает Божьей благодати
вполне достаточно троим.

◻

Я всю жизнь сомневаюсь во всём,
даже в собственном
тёмном сомнении,
размышляя о том и о сём,
сам с собой расхожусь
я во мнении.

Закатные гарики

□

Кто пил один и втихомолку,
тот век земной прожил без толку.

□

Бесплотные мы будем силуэты,
но грех нас обделять необходимым,
и тень моя от тени сигареты
сумеет затянуться горьким дымом.

□

Вкусил я достаточно света,
чтоб кануть в навечную тьму,
я в Бога не верю, и это
прекрасно известно Ему.

□

Не чересчур себя ценя,
почти легко стареть,
мир обходился без меня
и обойдётся впредь.

□

Легковейная мыслей игра
кровь и смерти родит регулярно,
все хотят в этой жизни добра,
но его понимают полярно.

□

У памяти в углах — целебный мрак,
упрятаны туда с умом и вкусом
те случаи, когда я был дурак,
то время, когда был я жалким трусом.

☐

Наследье рабских лет
весьма типично:
сноровка в разбегании по норам,
отвычка рисковать, решая лично,
и навык петь согласным подлым хором.

☐

Так тяжко, словно у небес
я нахожусь уже в ответе,
а за душой — сожжённый лес
или уморенные дети.

☐

В какую ни кидало круговерть,
а чуял я и разумом и носом:
серьёзна в этой жизни только смерть,
хотя пока и это под вопросом.

☐

Наплывы закатного света
текут на любимые лица,
уже наша песенка спета,
и только мелодия длится.

Гарики предпоследние

1

Залог душевного спокойствия —
цветы и фрукты удовольствия

Я. Блюмин (Иерусалим), 1996. Дерево.

Гарики предпоследние

Друзьям, которые уже ушли

◻

Я глупо жил и опрометчиво,
был раб любого побуждения,
зато порой с утра до вечера
изнемогал от наслаждения.

◻

На нас огромное влияние
(и на победы, и на бедствия)
оказывает возлияние,
включая все его последствия.

◻

В деньгах есть тоже благодать,
зависит жизнь от них,
и чем их тупо проедать —
я пропиваю их.

◻

Свой век я прогулял на карнавале,
где много было женщин и мужчин,
потери мне веселья придавали,
находки добавляли мне морщин.

◻

Багрово, лилово и красно,
и даже порой фиолетово
алеют носы не напрасно,
а лишь от того и от этого.

❑

Ценя покой в душе и нервах,
я пребываю в людях средних,
и, хоть последний между первых,
зато я первый из последних.

❑

Попался я, как рыбка на крючок,
мне страсть моя, как бабочке — сачок,
а кролику — охотничий зрачок,
но сладок наживлённый червячок,
и счастлив загулявший старичок.

❑

Ушёл наплыв похмельной грусти,
оставил душу змей зелёный:
меня родители в капусте
нашли, мне кажется, в солёной.

❑

Вот чудо века: после пьянки
среди таких же дураков
лететь в большой консервной банке
над белой пеной облаков.

❑

Блаженство витает шальное,
стихают надрыв и надлом,
когда закипает хмельное
вампирщество душ за столом.

❑

Глаза не прикрыл я рукой,
а занял закуской на блюде,
и жизнь принимаю такой,
какой её нет и не будет.

☐

Я пленник любых искушений,
все планы успехов — просрочены,
я шёл по дороге свершений,
но лёг отдохнуть у обочины.

☐

От выпивки
душа нежней и пористей,
и видно
сквозь ледок житейской стужи,
что корни
наших радостей и горестей
ветвятся изнутри, а не снаружи.

☐

К искушениям холодно стоек,
воздержанье не числя бедой,
между ежевечерних попоек
обхожусь я водой и едой.

☐

Бутылка без повода круче всего
калечит и губит мужчину,
дурак может пить
ни с того ни с сего,
а умный — находит причину.

☐

Загадочная русская душа
вселяется в отзывчивое тело:
душа как только выпить захотела,
так тело тащит выпивку спеша.

❐

Внезапно понял я сегодня,
каким высоким занят делом
желудок наш — лихая сводня
души с умом и мысли с телом.

❐

Мы не глупы, не злы, не спесивы,
любим женщин, азарт и вино
и всегда будем так же красивы,
как мы были когда-то давно.

❐

Закончив шумную попойку,
игру идей и мыслей пир,
зови к себе подругу в койку
и смело плюй на Божий мир.

❐

Отнюдь я, выпив, не пою,
а учиняю праздник духа,
плетя мелодию свою
душой без голоса и слуха.

❐

Чёрной зависти жар —
горячее огня,
и душа моя стонет больная,
если знаю, что где-то
сейчас без меня
затевается песня хмельная.

❐

Не было у выпивки причин,
в песне пьяной не было резона,
каждый ощутимо получил
порцию душевного озона.

Гарики предпоследние

□

Снова пьянка тянется шальная,
в мире всюду — ясная погода,
радость в каждом госте мне двойная —
от его прихода и ухода.

□

Смотрю, садясь попить-поесть,
на пятки дней мелькающих,
у пьянства тоже много есть
последствий вытекающих.

□

Не зря на склоне лет
я пить люблю и есть:
на свете счастья нет,
но вместе с тем и есть.

□

А если где-то ждёт попойка,
и штоф морозится большой,
то я лечу, как птица-тройка,
хотя еврейская душой.

□

Пускай расходятся в улёт
последние гроши:
Бог дал нам душу — Он пошлёт
и на пропой души.

□

Меж нас гуляет бес похмелья,
вступая с душами в игру:
он после пьяного веселья
их тянет выпить поутру.

◻

С радостью по жизни я гуляю
в мире, лютой злобой повреждённом,
жажду выпить — водкой утоляю,
жажду просто — пивом охлаждённым.

◻

Ценю я в игре винопития —
помимо иных услаждений —
возможность подёргать мыслителя
за яйца его убеждений.

◻

Живу я славно и безбедно,
поскольку мыслю государственно:
народу в целом — пьянство вредно,
а каждой личности — лекарственно.

◻

Курить, конечно, бросить надо бы,
загвоздка — в бедах совокупных,
а корни этой мелкой пагубы
растут во мне из дурей крупных.

◻

В цепи причин и соответствий,
несущих беды, хворь и срам,
я не нашёл дурных последствий
от пития по вечерам.

◻

Люблю я проследить, как возлияние,
просачиваясь в мироощущение,
оказывает веское влияние
на духа и ума раскрепощение.

Гарики предпоследние

◻

Забавный знаю феномен:
от генерала до портного
у нас химический обмен
устроен так, что ждёт спиртного.

◻

Пока ещё в душе чадит огарок
печалей, интереса, наслаждения,
я жизнь воспринимаю как подарок,
мне посланный от Бога в день рождения.

◻

Сокрыта в разных фазах опьянения
таинственная сила врачевания,
играющая ноты упоения,
текущие до самобичевания.

◻

Когда бы век я начал заново,
то к людям был бы я внимательней,
а гул и чад гулянья пьяного —
любил сильнее и сознательней.

◻

Я злоупотребляю возлиянием,
здоровье подрывая наслаждением,
под личным растлевающим влиянием
и с жалостливым самоосуждением.

◻

Душа, мягчея от вина,
вступает с миром в компромисс,
и благ любой, сидящий на,
идущий по и пьющий из.

☐

Мне грустно думать в час ночной,
что подлежу я избавлению
и чашу горечи земной
закончу пить я, к сожалению.

☐

Экклезиаст ещё заметил:
соблазну как ни прекословь,
но где подует шалый ветер,
туда он дуть вернётся вновь.

☐

Хоть пили мы, как пить не стоит, —
за это вряд ли ждёт нас кара,
в нас только будущий историк
учует запах перегара.

☐

Ко мне по ходу выпивания —
о чём бы рядом ни кричали —
приходит радость понимания,
что дух наш соткан из печали.

☐

Верный путь, на самом деле,
различим по двум местам:
то во храме, то в борделе
вьётся он то здесь, то там.

☐

Виднее в нас после бутылки,
как истрепались в жизни бывшей;
мы не обломки, мы обмылки
эпохи, нас употребившей.

Гарики предпоследние

☐

Наш путь извилист и неровен,
а жребий тёмен и превратен,
и только жирный чад жаровен
везде всегда надёжно внятен.

☐

В года весны мы все грешили,
но интересен ход явления:
те, кто продолжил, — дольше жили,
Бог ожидал их исправления.

☐

Каким ни вырос любомудром
и даже просто будь мудрец,
а всё равно охота утром
к похмельной рюмке огурец.

☐

Смотрю без тени раздражения
на огнедышащий вулкан
и сразу после извержения
готов налить ему стакан.

☐

После пьянства
лихие творятся дела
в ошалело бессонных ночах:
мрак женился на тьме,
згу она родила,
мы сидим вчетвером при свечах.

☐

Живя весьма благообразно
при нашем опыте и стаже,
мы не бежим на зов соблазна,
а просто надо нам туда же.

❑

Ленив, лукав и невынослив,
я предан выпивке и блуду,
перенося дела на после
того, как я о них забуду.

❑

Хвала Творцу, что время длится,
что мы благих не ждём вестей,
и хорошеют наши лица
от зова низменных страстей.

❑

В виду кладбищенского склепа,
где замер времени поток,
вдруг понимаешь, как нелепо
не выпить лишнего глоток.

❑

В основном из житейского опыта
мной усвоено важное то,
что пока ещё столько не допито,
глупо брать в гардеробе пальто.

❑

Я думал всегда, что соблазны,
которые всем нам являются,
хоть как-то годам сообразны,
но бесы, увы, не меняются.

❑

От вида ландшафта, пейзажа
(и речки чтоб вилась тесьма)
хочу сразу выпить, и даже
не просто хочу, а весьма.

Гарики предпоследние

□

Угас дурак, тачая жалобы
на мир жестокий и тупой,
а для здоровья не мешало бы
менять занудство на запой.

□

У Бога я ни льготы, ни поблажки
ни разу не просил, терпя убытки,
за это у меня всегда во фляжке
божественные булькают напитки.

□

Моя душа передо мной
была душою ясновидца —
я мигом чувствую спиной,
что сзади выпивка струится.

□

Ко мне явилось откровение
о смысле жизни и нирване,
но было выпить настроение,
и я забыл его по пьяни.

□

Ещё я на радость имею талоны,
но пристально если взглянуть —
питейной бутыли покатые склоны
рисуют мой жизненный путь.

□

Спешу с утра опохмелиться я,
чтоб горем не была беда,
если начнётся репетиция
премьеры Страшного суда.

◻

А в чём действительно я грешен,
и это мне припомнит Бог —
я в этой жизни баб утешил
намного менее, чем мог.

◻

Пока не позвала в себя кровать,
которая навеки нас уложит,
на кладбище должны мы выпивать
за тех, кто выпивать уже не может.

◻

Не с горечью влачу я жизнь мою,
а круто благоденствую, доколе
всё видимое ясно сознаю
и черпаю блаженство в алкоголе.

◻

Первую без чоканья нередко
пьём теперь, собравшись за столом:
некто близкий выдернут, как репка,
и исчез у жизни за углом.

◻

Плывя со всеми к райским кущам,
я только с теми теплю связь,
кто видит вечное в текущем
и плавно пьёт, не торопясь.

◻

Растает в шуме похорон
последних слов пустая лесть,
и тихо мне шепнёт Харон:
— А фляжка где? Стаканы есть.

2

Есть мысли - ходят по векам,
как потаскушки - по рукам

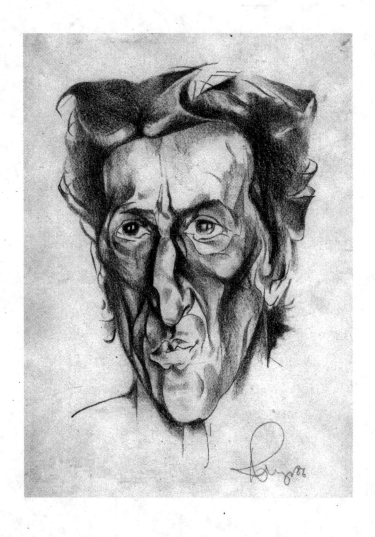

Б. Жутовский (Москва), 1987. Бумага, карандаш.

Гарики предпоследние

◻

Забавы Божьего глумления —
не боль и тяжесть испытаний,
а жуткий вид осуществления
иллюзий наших и мечтаний.

◻

Крайне просто природа сама
разбирается в нашей типичности:
чем у личности больше ума,
тем печальней судьба этой личности.

◻

Прекрасен мир, судьба права,
полна блаженства жизнь земная,
и всё на свете трын-трава,
когда проходит боль зубная.

◻

Наш ум и дух имеют свойство
цвести, как майская природа,
пока жирок самодовольства
их не лишает кислорода.

◻

Стихий — четыре: воду, воздух,
огонь и землю чтили греки,
но оказалась самой грозной
стихия крови в человеке.

◻

Пускай оспорят как угодно
и пригвоздят учёной фразой,
но я уверен: зло — бесплодно,
а размножается — заразой.

◻

Мне совсем в истории не странны
орды разрушителей лихих:
варвары захватывают страны,
скапливаясь тихо внутри них.

◻

Я не люблю любую власть,
мы с каждой не в ладу,
но я, покуда есть что класть,
на каждую кладу.

◻

Навряд ли может быть улучшен
сей мир за даже долгий срок,
а я в борьбе плохого с худшим
уже, по счастью, не игрок.

◻

Бездарность отнюдь не болото,
в ней тайная есть устремлённость,
она выбирает кого-то
и мстит за свою обделённость.

◻

Светится душевное величие
в миг, когда гримасой и смешком
личность проявляет безразличие
к выгоде с заведомым душком.

Гарики предпоследние

□

Когда б не запахи и краски,
когда б не звук виолончели,
когда б не бабушкины сказки —
давно бы мы осволочели.

□

В зыбком облаке марева мутного
суетливо катящихся дней
то, что вечно, слабее минутного,
и его различить тяжелей.

□

Так жаждем веры мы, что благо
любая искра в поле мглистом,
и тяжела душе отвага
оставить разум атеистом.

□

Готовность жить умом чужим
и поступать по чьей-то воле —
одна из дьявольских пружин
в устройствах гибели и боли.

□

Мы так то ранимы, то ломки,
что горестно думаю я:
душа не чужая — потёмки,
потёмки — родная своя.

□

До мудрых мыслей домолчаться,
чтоб восхитилась мной эпоха,
всегда мешают домочадцы
или зашедший выпивоха.

□

В воздухе клубится,
словно в чаше,
дух былых эпох, и поневоле
впитывают с детства души наши
это излучающее поле.

□

Все трое — Бог, эпоха, случай —
играют в карты — не иначе,
и то висят над нами тучей,
то сыпят блёстками удачи.

□

У нас полно разумных доводов,
из фактов яркий винегрет,
и много чисто личных поводов,
чтобы в любой поверить бред.

□

Опиум вдыхает наркоман,
водкой душу пьяница полощет,
я приемлю с радостью обман,
если от него светлей и проще.

□

В нашем человеческом семействе,
в нашей беспорядочной игре
гений проявляется в злодействе
ярче и полнее, чем в добре.

Гарики предпоследние

◻

Тяжко жить нам как раз потому,
что возводим глаза к небесам,
а помочь может Бог лишь тому,
кто способен помочь себе сам.

◻

Когда повсюду страх витает
и нрав у времени жесток,
со слабых душ легко слетает
культуры фиговый листок.

◻

Вряд ли в нашем разуме на дне —
мыслей прихотливые изыски,
там, боюсь я, плавают в вине
книжные окурки и огрызки.

◻

Рассекая житейское море,
тратить силы не стоит напрасно;
если вовсе не думать, то вскоре
всё на свете становится ясно.

◻

Быть может, потому душевно чист
и линию судьбы своей нашёл,
что я высокой пробы эгоист —
мне плохо, где вокруг не хорошо.

◻

Не зря про это спорят бесконечно:
послушная небесному напутствию,
душа — это витающее нечто,
заметное нам только по отсутствию.

◻

Любое сокрушительное иго
кончается, позора не минуя,
подпоркой, где возносится квадрига,
ничейную победу знаменуя.

◻

Не только из дерева, камня, гвоздей
тюремные сложены своды —
сперва их возводят из чистых идей
о сути и смысле свободы.

◻

Те, кто обивает нам пороги,
те, кто зря стучится в наши двери, —
выяснится позже, что пророки,
первые по вере в новой эре.

◻

Всегда в июле неспроста
меня мыслишка эта точит:
вот летний день длиннее стал,
вот жизнь моя на год короче.

◻

Забавная подробность мне видна,
которую отметил бы я плюсом:
в делах земных и Бог и сатана
отменным обладают оба вкусом.

◻

Куда чуть зорче ни взгляни —
везде следы вселенской порчи;
чем мысли глубже, тем они
темнее, тягостней и горче.

Гарики предпоследние

☐

Много ещё чёрного на свете
выползет чумой из-под обломков:
прах и пепел нашего столетия
радиоактивны для потомков.

☐

Я разумом не слишком одарён,
однако же теперь, на склоне дней,
я опытом житейским умудрён.
Отнюдь не став от этого умней.

☐

Умом нисколько не убогие,
но молят Бога люди многие,
трепя губами Божье имя,
как сосунки — коровье вымя.

☐

Прости мне, Боже, мой цинизм,
но я закон постиг природный:
каков народный организм,
таков, увы, и дух народный.

☐

В морали, это знает каждый,
нужна лишь первая оплошка;
нельзя терять невинность дважды
или забеременеть немножко.

☐

В любом из нас
витает Божий дух
и бродит личный бес
на мягких лапах,
поэтому у сказанного вслух
бывает соответствующий запах.

☐

Часто сам себе необъясним,
носит человек в себе, бедняга,
подло поступающее с ним
некое глухое альтер-Яго.

☐

Подлинного счастья
в мире мало,
с этим у Творца ограничения,
а кого судьба нещадно мяла —
счастливы уже от облегчения.

☐

Мир иллюзий нам отечество —
всё, что кажется и мнится;
трезвый взгляд на человечество —
это почва, чтобы спиться.

☐

А кроме житейских утех, —
негромко напомнит мне Бог, —
ещё ты в ответе за тех,
кому хоть однажды помог.

☐

В одном лишь
уравнять Господь решил
и гения, и тёмного ублюдка:
в любом из нас гуляние души
зависит от исправности желудка.

Гарики предпоследние

☐

Увы, но играм интеллекта
извечно всюду не везло:
всегда являлся некий некто,
чтоб их использовать во зло.

☐

Пока живём и живы — мы играем;
до смертной неминуемой поры
то адом озарённые, то раем,
мы мечемся в чистилище игры.

☐

Только с возрастом
грустно и остро
часто чувствует честный простак,
что не просто всё в мире непросто,
но и сцеплено как-то не так.

☐

Реки крови
мы пролили на планете,
восторгаясь, озаряясь и балдея;
ничего не знаю гибельней
на свете,
чем высокая и светлая идея.

☐

В наших каменных
тесных скворешниках,
где беседуют бляди о сводниках,
Божий дух объявляется в грешниках
несравненно сильней,
чем в угодниках.

☐

Я не трачусь ревностно и потно,
я живу неспешно и беспечно,
помня, что ещё вольюсь бесплотно
в нечто, существующее вечно.

☐

В коктейле гнева, страха, злобы —
а пьётся он при всяком бедствии —
живут незримые микробы,
весьма отравные впоследствии.

☐

От первой до последней
нашей ноты
мы живы без иллюзий и прикрас
лишь годы,
когда любим мы кого-то,
и время,
когда кто-то любит нас.

☐

У зла такая есть ползучесть
и столько в мыслях разных но,
что ненароком и соскучась,
легко добро творит оно.

☐

Есть мера у накала и размаха
способностей — невнятная, но мера,
и если есть у духа область паха,
то грустен дух от холодности хера.

Гарики предпоследние

☐

С чего, подумай сам и рассуди,
душа твоя печалью запорошена?
Ведь самое плохое — позади.
Но там же всё и самое хорошее.

☐

Дыхание растлительного яда
имеет часто дьявольский размах:
бывают мертвецы, которых надо
убить ещё в отравленных умах.

☐

Формулы, при нас ещё готовые,
мир уже не примет на ура,
только народятся скоро новые
демоны всеобщего добра.

☐

Возможность новых приключений
таят обычно те места,
где ветви смыслов и значений
растут из общего куста.

☐

Педантичная рассудочность
даже там, где дело просто,
так похожа на ублюдочность,
что они, наверно, сёстры.

☐

Много блага
в целебной способности
забывать, от чего мы устали,
жалко душу,
в которой подробности
до малейшей сохранны детали.

◻

В истории нельзя не удивиться,
как дивны все начала и истоки,
идеи хороши, пока девицы,
потом они бездушны и жестоки.

◻

Падшие ангелы, овцы заблудшие,
все, кому с детства
ни в чём не везло, —
это заведомо самые худшие
из разносящих повсюдное зло.

◻

Зря в кишении мы бесконечном
дребезжим, как пустая канистра;
вечно занятый — занят не вечным,
ибо вечное — праздная искра.

◻

Я научность не нарушу,
повторив несчётный раз:
если можно плюнуть в душу —
значит, есть она у нас.

◻

Нечто я изложу бессердечное,
но среди лихолетия шумного
даже доброе сеять и вечное
надо только в пределах разумного.

Гарики предпоследние

☐

Всегда витает тень останков
от мифа, бреда, заблуждения,
а меж руин воздушных замков
ещё гуляют привидения.

☐

Все восторги юнцов удалых —
от беспечного гогота-топота,
а угрюмый покой пожилых —
от избытка житейского опыта.

☐

В этом мире, где смыслы неясны,
где затеяли — нас не спросили,
все усилия наши — напрасны,
очевидна лишь нужность усилий.

☐

Известно веку испокон
и всем до одного:
на то закон и есть закон,
чтоб нарушать его.

☐

Так как чудом
Господь не гнушается,
наплевав на свои же формальности,
нечто в мире всегда совершается
вопреки очевидной реальности.

☐

Искусство — наподобие куста,
раздвоена душа его живая:
божественное — пышная листва,
бесовское — система корневая.

☐

Вот нечто, непостижное уму,
а чувством — ощутимое заранее:
кромешная ненужность никому —
причина и пружина умирания.

☐

Свято предан разум бедный
сказке письменной и устной:
байки, мифы и легенды
нам нужнее правды гнусной.

☐

Страдания и муки повсеместные
однажды привлекают чей-то взгляд,
когда они уже явились текстами,
а не пока живые и болят.

☐

От вина и звучных лир
дико множатся народы;
красота спасла бы мир,
но его взорвут уроды.

☐

Забавное пришло к нам испытание,
душе неся досаду и смущение:
чем гуще и сочней
у нас питание,
тем жиже и скудней
у нас общение.

Гарики предпоследние

□

Несчастны чуть ли не с рождения,
мы горько жалуемся звёздам,
а вся печаль от заблуждения,
что человек для счастья создан.

□

Когда мы раздражаемся и злы,
обижены, по сути, мы на то,
что внутренние личные узлы
снаружи не развяжет нам никто.

□

Пока, пока, моё почтение,
приветы близким и чужим...
Жизнь — это медленное чтение,
а мы — бежим.

□

А пока мы кружим в хороводе,
и пока мы пляшем беззаветно,
тление при жизни к нам приходит,
просто не у всех оно заметно.

□

Словами невозможно изложить,
выкладывая доводы, как спички,
насколько в этой жизни тяжко жить
и сколько в нас божественной привычки.

□

Я бы мог, на зависть многих,
сесть, не глянув, на ежа —
опекает Бог убогих,
у кого душа свежа.

☐

Мне лезет в голову охальство
под настроение дурное,
что если есть и там начальство —
оно не лучше, чем земное.

☐

Никто не в силах вразумительно
истолковать устройство наше,
и потому звучит сомнительно
мечта о зёрнах в общей каше.

☐

Мир хочет и может устроиться,
являя комфорт и приятство,
но правит им тёмная троица —
барыш, благочестие, блядство.

☐

Давным-давно уже замечено
людской молвой непритязательной,
что жить на свете опрометчиво —
залог удачи обязательной.

☐

Мы и в познании самом
всегда готовы к тёмной вере:
чего постичь нельзя умом,
тому доступны в душу двери.

☐

А жалко, что на пире победителей,
презревших ради риска отчий кров,
обычно не бывает их родителей —
они не доживают до пиров.

Гарики предпоследние

◻

Споры о добре,
признаться честно, —
и неразрешимы, и никчемны,
если до сих пор нам не известно,
кто мы в этой жизни и зачем мы.

◻

Пути судьбы весьма окружны,
и ты плутать ей не мешай;
не искушай судьбу без нужды
и по нужде не искушай.

◻

Я вижу, глядя исподлобья,
что цепи всюду неослабны;
свободы нет, её подобья
везде по-своему похабны.

◻

Боюсь, что Божье наказание
придёт внезапно, как цунами,
похмелье похоти познания
уже сейчас висит над нами.

◻

Молчат и дремлют небеса,
внизу века идут;
никто не верит в чудеса,
но все их тихо ждут.

□

Предел земного нахождения
всегда означен у Творца:
минута нашего рождения —
начало нашего конца.

□

Хотя я мыслю крайне слабо,
забава эта мне естественна;
смешно, что Бог ревнив, как баба,
а баба в ревности — божественна.

□

Числим напрасно
мы важным и главным —
вызнать у Бога секрет и ответ:
если становится тайное явным,
то изменяется, выйдя на свет.

□

Похожи на растения идеи,
похожи на животных их черты,
и то они цветут, как орхидеи,
то пахнут, как помойные коты.

□

Бежать от века невозможно,
и бесполезно рваться вон,
и внутривенно и подкожно
судьбу пронизывает он.

Гарики предпоследние

◻

Стихийные волны истории
несут разрушенья несметные,
и тонут в её акватории
несчётные частные смертные.

◻

Здоровым душам нужен храм —
там Божий мир уютом пахнет,
а дух, раскрытый всем ветрам,
чихает, кашляет и чахнет.

◻

Природа почему-то захотела
в незрячем равнодушии жестоком,
чтоб наше увядающее тело
томилось жизнедеятельным соком.

◻

Развилка у выбора всякого
двоится всегда одинаково:
там — тягостно будет и горестно,
там — пакостно будет и совестно.

◻

С переменой настроения,
словно в некой детской сказке,
жизни ровное струение
изменяется в окраске.

◻

Наши головы — как океаны,
до сих пор неоткрытые нами:
там течения, ветры, туманы,
волны, бури и даже цунами.

☐

Устроена забавно эта связь:
разнузданно, кичливо и успешно
мы — время убиваем, торопясь,
оно нас убивает — непоспешно.

☐

Уставших задыхаться в суете,
отзывчиво готовых к зову тьмы,
нас держат в этой жизни только те,
кому опора в жизни — только мы.

☐

Хоть пылью всё былое запорошено,
душа порою требует отчёта,
и помнить надо что-нибудь хорошее,
и лучше, если подлинное что-то.

☐

Тихой жизни копошение —
кратко в юдоли земной,
ибо жертвоприношение
Бог теперь берёт войной.

☐

Не разум быть повыше мог,
но гуще — дух добра,
когда б мужчину создал Бог
из женского ребра.

☐

Хоть на ответ ушли года,
не зря душа ответа жаждала:
Бог есть не всюду, не всегда
и существует не для каждого.

Гарики предпоследние

☐

Все твари зла — их жутко много —
нужны по замыслу небес,
ведь очень часто к вере в Бога
нас обращает мелкий бес.

☐

Я вдруг понял —
и замер от ужаса,
словно гнулись и ехали стены:
зря философы преют и тужатся —
в Божьих прихотях нету системы.

☐

Покуда все течёт и длится,
свет Божий льётся неспроста
и на высокие страницы,
и на отхожие места.

☐

Как бы ни было зрение остро,
мы всего лишь наивные зрители,
а реальность и видимость — сёстры,
но у них очень разны родители.

☐

Когда устали мы резвиться
и чужды всякому влечению,
ложится тенями на лица
печать покорности течению.

◻

По жизни понял я, что смог,
о духе, разуме и плоти,
а что мне было невдомёк —
душа узнает по прилёте.

◻

На торжествах любой идеи,
шумливо празднуя успех,
различной масти прохиндеи
вздымают знамя выше всех.

◻

Дабы не было слово пустым
в помогании душам пропащим,
чтобы стать полноценным святым,
надо грешником быть настоящим.

◻

Когда б достало мне отваги
сказать мораль на все века,
сказал бы я: продажа шпаги
немедля тупит сталь клинка.

◻

Веря в расцвет человеческой участи,
мы себе искренне врали,
узкие просеки в нашей дремучести —
это круги и спирали.

◻

Давно томят меня туманные
соображения о том,
что все иллюзии гуманные
смешными кажутся потом.

Гарики предпоследние

◻

Звуков симфония, зарево красок,
тысячи жестов ласкательных —
у одиночества множество масок,
часто весьма привлекательных.

◻

От жизни утробной до жизни загробной
обидно плестись по судьбе
низкопробной.

◻

Природы пышное убранство
свидетельствует непреложно,
что наше мелкое засранство
ей безразлично и ничтожно.

◻

Страх бывает овечий и волчий:
овцы блеют и жмутся гуртом,
волчий страх переносится молча
и становится злобой потом.

◻

Прекрасна образованная зрелость,
однако же по прихоти небес
невежество, фантазия и смелость
родили много более чудес.

◻

Сценарист, режиссёр и диспетчер,
Бог жестокого полон азарта,
и лишь выдохшись жизни под вечер,
мы свободны, как битая карта.

□

При Творце с его замашками,
как бы милостив Он не был,
мир однажды вверх тормашками
всё равно взлетит на небо.

□

Одни летят Венеру посмотреть,
другие завтра с истиной сольются...
На игры наши
молча смотрит смерть
и прочие летающие блюдца.

□

Чувствую угрюмое томление,
глядя, как устроен белый свет:
ведь и мы — природное явление:
чуть помельтешили — и привет.

□

Мне любезен и близок порядок,
чередующий пламя и лёд:
у души за подъёмом — упадок,
за последним упадком — полёт.

□

Киснет вялое жизни течение —
смесь докуки, привычки и долга,
но и смерть — не ахти приключение,
ибо это всерьёз и надолго.

3

Птицу видно по полёту,
а скотину по помёту

В. Клецель (Иерусалим), 1998. Холст, масло.

Гарики предпоследние

□

В череде огорчений и радостей
дни земные ничуть не постылы,
только вид человеческих слабостей
отнимает последние силы.

□

В духе есть соединённости,
неразрывные в их парности —
как весёлость одарённости
и уныние бездарности.

□

Крупного не жажду ничего,
я земное мелкое творение,
из явлений духа моего
мне всего милей пищеварение.

□

Так он мыслить умел глубоко,
что от мудрой его правоты
кисло в женской груди молоко
и бумажные вяли цветы.

□

Умом хотя совсем не Соломоны,
однако же нисколько не калеки,
балбесы, обормоты, охламоны —
отменные бывают человеки.

❑

Шалопай, вертопрах и повеса,
когда в игры уже отыграли,
для утехи душевного беса
учат юных уму и морали.

❑

Битвы и баталии мои
спутаны концами и началами,
самые жестокие бои
были у меня с однополчанами.

❑

Клопы, тараканы и блохи —
да будет их роль не забыта —
свидетели нашей эпохи,
участники нашего быта.

❑

Травя домашних насекомых,
совсем не вредных и не злых,
мы травим, в сущности, знакомых,
соседей, близких и родных.

❑

Такой останется до смерти
натура дикая моя,
на симфоническом концерте —
и то, бывало, пукал я.

❑

Рука фортуны загребает
из неизведанных глубин,
и в оголтелом разъебае
вдруг объявляется раввин.

Гарики предпоследние

□

Увы, но все учителя,
чуть оказавшись возле кассы,
выкидывают фортеля
и сотворяют выкрутасы.

□

Жар любви сменить морозами
норовит любой народ:
обосрёт, засыпет розами,
а потом — наоборот.

□

Усердия смешная добродетель
поскольку мне природой не дана,
то я весьма поверхностный свидетель
эпохи процветания гавна.

□

Рассказы об экземе и лишае,
о язве и капризах стоматита
текут, почти нисколько не лишая
нас радости живого аппетита.

□

Про загадку факта важного
каждый знает, но молчит:
время жизни в ухе каждого
с разной скоростью журчит.

□

Зима! Крестьянин, торжествуя,
наладил санок лёгкий бег,
ему кричат: какого хуя,
ещё нигде не выпал снег!

☐

Есть люди редкого разлива,
у них и мужество — отдельное:
являть, не пряча боязливо,
живое чувство неподдельное.

☐

Даже наш суровый век
полноту ничуть не судит:
если славный человек,
пусть его побольше будет.

☐

Взор у него остёр и хищен,
а рот — немедля станет пастью;
мы оба в жизни что-то ищем,
но очень разное, по счастью.

☐

Я ощутил сегодня снова —
так были споры горячи, —
что в нас помимо кровяного
есть и давление мочи.

☐

Есть люди с тяжкими кручинами,
они не видны в общей массе,
но чувствуют себя мужчинами
не возле бабы, а при кассе.

☐

Тернистый путь к деньгам и власти
всегда лежит через тоннель,
откуда лица блядской масти
легко выходят на панель.

Гарики предпоследние

☐

Желанье тёмное и страстное
в любом хоть раз, но шевелилось:
уйти пешком в такое странствие,
чтоб чувство жизни оживилось.

☐

От неких лиц не жду хорошего —
они, как язвой, тайно мучимы,
что были круто недоношены,
а после — крепко недоучены.

☐

Блажен любой, кто образован;
я восхищался многократно,
как дух у них организован
и фарширован аккуратно.

☐

Хочу богатством насладиться
не для покоя и приятства,
а чтобы лично убедиться,
что нету счастья от богатства.

☐

Я за умеренную плату —
за двести грамм и колбасу —
иду к себе в ума палату
и, пыль обдув, совет несу.

☐

Заранее я знаю о соседе,
в вагоне оказавшемся бок о бок:
дежурное меню в такой беседе —
истории наёбов и поёбок.

❑

Новых мифов нынче много,
личной жажде сообразно
кто-то всуе ищет Бога,
кто-то — общего оргазма.

❑

Гуманность волнительным кружевом
окутала быт наших лет:
наружу выходят с оружием
и плачутся в бронежилет.

❑

Мы очень прагматично и практично,
весьма рационально мы живём,
и все наши дела идут отлично,
а песни мы — унылые поём.

❑

Забавно мне, что поле брани
всех политических страстей
влечёт к себе потоки срани
различных видов и мастей.

❑

Любую кто собрал коллекцию,
её холопы и фанаты —
глухую чувствуют эрекцию,
чужие видя экспонаты.

❑

Суке, недоноску и бездарности
выдано Творцом для утешения
дьявольское чувство солидарности
и хмельная пена мельтешения.

Гарики предпоследние

☐

Имеют острые глаза
и мудрецы, и прохиндеи:
они пластичны, как лоза,
когда им виден ствол идеи.

☐

Есть люди — их усилия немалы, —
хотящие в награду за усердствие
протиснуться в истории анналы,
хотя бы сквозь анальное отверстие.

☐

Кто к жалостным склонен рыданиям
и ранен мельчайшим лишением —
завидует ярким страданиям
и даже высоким крушениям.

☐

Кругам идейного актива
легко понять посредством нюха,
что слитный запах коллектива —
отнюдь не есть единство духа.

☐

Известно даже медицине
и просто видно трезвым глазом,
что кто романтик, а не циник,
тому запудрить легче разум.

◻

Стихает и вянет
мыслительный бум,
на днях колосившийся тучно;
решили, как видно,
властители дум
насиживать яйца беззвучно.

◻

В улыбке, жесте, мелкой нотке —
едина личная черта,
есть люди —
видно по походке,
что плохо пахнет изо рта.

◻

Везде, где дорожки ковровые,
есть тихие люди живучие —
то ветки сплетают лавровые,
то петлю завяжут при случае.

◻

Я тех люблю, что опоздали —
хотя бы раз, но навсегда —
к раздаче, к должности, к медали,
к делёжке с запахом стыда.

◻

Благословенны лох и лапоть,
себя хотящие сберечь
и вдоль по жизни тихо капать,
а не кипеть и бурно течь.

Гарики предпоследние

◻

Есть люди —
тоньше нюх, чем у собаки,
они вдыхают запахи и ждут;
едва лишь возникают сучьи знаки,
они уже немедля тут как тут.

◻

Не злобы ради, не с похмелья
дурак — орудие судьбы —
стрижёт кудрявые деревья
под телеграфные столбы.

◻

Гляну что направо, что налево —
всё на свете ясно всем вокруг,
так умудрена бывает дева,
истину познав из первых брюк.

◻

Мне порою встречаются лица —
поневоле вздохнёшь со смущением,
что мечта наша в детях продлиться
так убога своим воплощением.

◻

Всё же я ценю ханжу
за безудержный размах:
всем Венерам паранджу
он готов надеть на пах.

◻

Спокойно плюнь и разотри —
забудь о встрече с этой мразью...
Но что-то хрустнуло внутри,
и день заляпан липкой грязью.

◻

Повсюдные растут провинциалы,
накачивая сталь мускулатуры,
чтоб вырезать свои инициалы
на дереве науки и культуры.

◻

Глядя пристально, трезво и здраво,
можно много чего насмотреться;
омерзение — тоже забава,
только зябко в душе и на сердце.

◻

В себе таит зачатки вредности
и может вспыхнуть, как чума,
слиянный сок душевной бедности
и ярой пылкости ума.

◻

По службе жаждал повышения,
смотрел в экран от делать нечего,
а ночью штопал отношения,
в семье сложившиеся вечером.

◻

Всё вообразимое — и более —
в меру современной технологии
вытворит над нами своеволие
и к нему примкнувшие убогие.

Гарики предпоследние

◻

Люблю я в личности следы
учительского дарования,
но просвещения плоды
гниют ещё до созревания.

◻

Своя у каждого таинственность,
и мы вокруг напрасно кружим:
Творец даёт лицу единственность,
непостижимую снаружи.

◻

Поскольку был мой дом распахнут
любым и всяким людям риска —
я знаю, как живут и пахнут
герои, видимые близко.

◻

Тому на свете всё видней,
в ком есть апломб и убеждения;
чем личность мельче, тем крупней
её глобальные суждения.

◻

А наблюдая лица потные
и то, как люди мельтешат,
забавно думать, что животные
нисколько в люди не спешат.

◻

Томясь в житейском общем тесте,
вдруг замечаешь тайным взглядом,
что мы живём отнюдь не вместе,
а только около и рядом.

☐

Хотя покуда всё в порядке,
такая к худу в нас готовность,
что вдруг душа уходит в пятки
и в пах уносится духовность.

☐

Я соблюдаю такт и честь
по месту, в коем нахожусь, —
то я кажусь умней, чем есть,
то я умней, чем я кажусь.

☐

Рождённые кидаться на врага —
томятся, вырастая, и скучают,
потом их держат быта берега,
где чахнут эти люди и мельчают.

☐

Вижу я за годом год
заново и снова,
что поживший идиот
мягче молодого.

☐

О, я отнюдь не слеп и глуп:
везде, где чинно и серьёзно,
внутри меня большой тулуп
надет на душу, чтоб не мёрзла.

Гарики предпоследние

☐

Забавные печали нас измучили,
былые сокрушая упования:
не знали мы,
что при благополучии
угрюмее тоска существования.

☐

Потоки знания волной
бурлят уже вдоль носоглотки,
поскольку разум бедный мой —
не безразмерные колготки.

☐

При спорах тихо я журчу,
чтоб не являлась пена злая;
когда не знаю, то молчу,
или помалкиваю, зная.

☐

Хотя уже ушли те времена,
и чисто на житейском небосводе,
подонков и мерзавцев имена
в душе моей болят к сырой погоде.

☐

Терпя с утра зеркал соседство,
я бормочу себе под нос,
что время — сказочное средство
для выпадения волос.

❑

Нет, я умнее стал навряд ли,
но безразличнее — стократ:
и руку жму я всякой падле,
и говорю, что видеть рад.

❑

Увы, над этим неуклонно
трудились лучшие умы:
дерьмо сегодня благовонно
намного более, чем мы.

❑

К работе азарт у меня —
от опыта жизни простого:
гулять после полного дня
приятней, чем после пустого.

❑

Порой дойдёшь до обалдения
от жизни кряканья утиного,
и в сон тогда плывут видения,
и все про бегство до единого.

❑

Сейчас такая знаний бездна
доступна всякому уму,
что стало спорить бесполезно
и глупо думать самому.

❑

Мы сколько ни едим совместной соли,
а в общую не мелемся муку,
у всех национальные мозоли
чувствительны к чужому башмаку.

Гарики предпоследние

□

Изрядным будет потрясение,
когда однажды — смех и плач —
везде наступит воскресение,
и с жертвой встретится палач.

□

На всём пути моём тернистом —
давно мы с Богом собеседники;
Он весь играет светом чистым,
но как темны Его посредники!

□

Во мне, безусловном уже старожиле,
колышется страх среди белого дня:
а что, если те, кто меня сторожили,
теперь у котла ожидают меня?

□

Я в поезде — чтоб ноги подышали,
ботинки снял
и с ними спал в соседстве,
а память в лабиринте полушарий
соткала грустный сон
о бедном детстве.

□

Уже я к мотиву запетому
не кинусь, распахнут и счастлив —
я знаю себя, и поэтому
с людьми я не сух, но опаслив.

◻

Случайная встреча на улице с другом,
досуг невеликий — на две сигареты,
но мы холоднее к житейским недугам,
когда наши души случайно согреты.

◻

Мне мило всё:
игра чужих культур
на шумных площадях земной округи
и дивное различие фактур
у ручек чемодана и подруги.

◻

О чём-то говорить я не хочу,
о многом — ядовиты словопрения,
поэтому всё чаще я молчу,
в немые погрузившись умозрения.

◻

Время сыпется струйкой песка,
мухи памяти дремлют в черниле;
ностальгия — смешная тоска
по тому, что ничуть не ценили.

◻

В душе сильнее дух сиротства,
и нам поделать с этим нечего,
когда оплошность или скотство
мы совершаем опрометчиво.

Гарики предпоследние

◻

Давно уже не верю в пользу споров
и беганья за истиной гурьбой,
я больше почерпнул из разговоров,
которые веду с самим собой.

◻

Теперь я только волей случая
знакомых вижу временами,
тяжёлый дух благополучия
висит уныло между нами.

◻

Семью надо холить и нежить,
особо заботясь о том,
чтоб нелюди, нечисть и нежить
собой не поганили дом.

◻

Пребывая в уверенном мнении
обо всём, ибо тесно знаком,
дело славное — в этом затмении
величаво прожить мудаком.

◻

В порядочности много неудобства,
что может огорчать и даже злить:
испытываешь приступ юдофобства,
а чувство это некому излить.

◻

То, что я вижу, омерзительно,
уже на гибельной ступени,
но страшно мне лишь умозрительно,
а чисто чувственно — до фени.

◻

Утратил я охоту с неких пор
вершить высоколобый устный блуд,
ведут меня на умный разговор,
как будто на допрос меня ведут.

◻

Смешны сегодня страхи предка,
и жизнь вокруг совсем не та:
зло демоническое редко,
а больше — мразь и сволота.

◻

Черты похожести типичной
есть у любви, семьи, разлуки —
Творец, лишённый жизни личной,
играет нашими со скуки.

◻

Мне кажется, что смутное брожение,
тревогой расползаясь неуёмной,
большое обещает извержение
скопившейся по миру злобы тёмной.

◻

Моей мужицкой сути естество,
чувствительную совесть не колыша,
глухое ощущает торжество,
о праведном возмездии услыша.

◻

Если б человеку довелось,
пользуясь успехами прогресса,
как-то ухватить земную ось —
он её согнёт из интереса.

Гарики предпоследние

☐

Не то чтобы одно сплошное свинство
цвело везде туземно и приблудно,
однако же большое сукинсынство
творится потаённо и прилюдно.

☐

Пока не уснёшь, из былого
упрямо сочится звучание,
доносится каждое слово,
и слышится даже молчание.

☐

Алкающим света мужчинам,
духовных высот верхолазам
в дороге к незримым вершинам
обузой становится разум.

☐

Я понял, роясь в мире личном
и наблюдая свой интим,
что не дано сполна постичь нам,
чего от жизни мы хотим.

☐

С такой осанкой — чисто лебеди
(и белоснежность поразительна) —
по жизни мне встречались нелюди,
что красота мне подозрительна.

◻

Порою встречаюсь я
с мудростью чистой,
её глубина мне близка и видна,
однако для жизни,
крутой и гавнистой,
она бесполезна и даже вредна.

◻

Початый век уму неведом,
и всуе тужится наука,
но стойкость к самым лютым бедам
хотел бы видеть я у внука.

◻

Забавно мне,
что время увядания
скукоживает нас весьма непросто,
чертами благородного страдания
то суку наделяя, то прохвоста.

◻

Слежу с неослабным вниманием,
как ровно журчат за столом
живые обмены незнанием
и вялым душевным теплом.

◻

Только выйдя, ещё на пороге,
при любых переменах погоды
ощущаю я токи тревоги,
предваряющей смутные годы.

Гарики предпоследние

□

Я верю аргументу, постулату,
гипотезе, идее, доказательству,
но более всего я верю блату,
который возникает по приятельству.

□

Вся беда разве в том,
что творится вовне?
Это вряд ли, ведь было и хуже.
Просто смутное время
клубится во мне,
крася в чёрное всё, что снаружи.

□

Ровесник мой душой уныл
и прозябает в мудрой хмурости,
зато блажен, кто сохранил
в себе остатки юной дурости.

□

Везде, где все несутся впрыть, —
моя незримая граница:
решая, быть или не быть,
я выбрал быть, но сторониться.

□

Судьба у большинства — холмы и сопки,
в ней очень редки скалы или горы,
зато у всех у нас на пятой стопке —
о кручах и вершинах разговоры.

◻

Давая вслух оценки фактам,
полезно помнить каждой личности,
что такт ума с душевным тактом —
две очень разные тактичности.

◻

Я не боюсь дурного слуха,
не страшно мне плохое мнение,
поскольку слушаю вполуха
и мне противно вдвое менее.

◻

Слова пусты, напрасны знаки
и всуе предостережения,
когда подземный дух клоаки
созрел для самовыражения.

◻

Мы к житейской приучены стуже,
в нас от ветра и тьмы непроглядной
проступила внутри и снаружи
узловатость лозы виноградной.

◻

Мы не знаем хотя ни бельмеса,
как устроены разумы наши,
только разум крутого замеса
мы легко отличаем от каши.

◻

Сегодня мания лечения —
почти повсюдный вид недуга,
творят искусные мучения
душа и тело друг для друга.

Гарики предпоследние

☐

В мире много всякого всего,
надобны ухватка и замашка,
каждый — повар счастья своего,
только подобрать продукты тяжко.

☐

Хотя окрестная история
творит судьбе немало хамства,
но личной жизни траектория —
рисунок личного упрямства.

☐

Больших умов сижу промеж
и жду с надеждой весть благую,
но в каждой мысли вижу плешь,
а то и лысину нагую.

☐

Не знаю в жизни я плачевней,
чем то мгновение в пути,
когда любуешься харчевней,
а внутрь — не на что войти.

☐

Я с русской речью так повязан,
любя её ручьи и реки,
что я по трём порою фразам
судить могу о человеке.

☐

Поскольку мы в рутинном быте
к волненьям склонны гомерическим,
то в нём достаточно событий,
равновеликих историческим.

☐

Обживая различные страны,
если выпало так по судьбе,
мы сначала их жителям странны,
а чуть позже мы странны себе.

☐

Мои греховные уста
в порывах радости и страсти
лобзали разные места
за исключеньем зада власти.

☐

Забрать меня в жестокие тиски
ещё покуда хвори не полезли,
а приступы беспочвенной тоски —
естественность пожизненной болезни.

☐

Найдётся ли, кому нас помянуть,
когда про нас забудут даже дети?
Мне кажется, найдётся кто-нибудь,
живущий на обочине в кювете.

☐

Жизни многих легко наперёд
описать, исключая подробности,
человек — это то, что он врёт,
во враньё проступают способности.

☐

Живя суверенно, живя автономно
и чуждо общественным ломкам,
расходуешь чувства весьма экономно,
но тихо становишься волком.

Гарики предпоследние

☐

Страсть к телесной чистоте
зря людьми так ценится:
часто моются лишь те,
кто чесаться ленится.

☐

Как моралисты ни старались
и ход их мыслей как ни вился,
а хомо сапиенс вульгарис
ни в чём ничуть не изменился.

☐

Кипит разруха моровая,
но подрастает поколение,
и торжествует жизнь живая
себе самой на удивление.

☐

Любой обязан помнить,
всяк и каждый,
свой тягловый
верша по жизни труд,
что рельсы наши
кончатся однажды,
а после их и вовсе уберут.

☐

При проводах на жизненном вокзале
немногое сказать нам удаётся,
а всё, что мы, волнуясь, не сказали,
тупой и долгой болью остаётся.

□

Завершатся однажды и враз
наши подвиги, наше засранство,
и закончится время для нас,
а душе — распахнётся пространство.

4

Лучшее духовное питание —
это в облаках душой витание

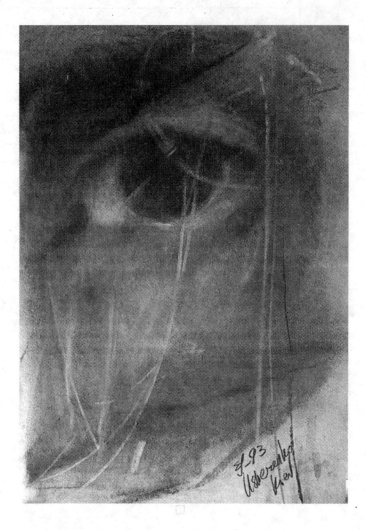

Д. Уширенко (Киев), 1993. Бумага, пастель.

Гарики предпоследние

☐

Скажи мне, друг и современник, —
уже давно спросить пора —
зачем повсюду столько денег,
а мы сидим без ни хера?

☐

Был создан мир Творцом, а значит —
и Божий дух огнём горит
не в тех, кто молится и плачет,
а в тех, кто мыслит и творит.

☐

Чтобы наш мятежный дух земной
стиснут был в разумных берегах —
чуть окрепли крылья за спиной,
гири повисают на ногах.

☐

Все мои затеи наповал
рубятся фортуной бессердечно;
если б я гробами торговал,
жили бы на свете люди вечно.

☐

С душой у нас не всё в порядке,
подобны мы слепым и нищим,
а Бог играет с нами в прятки,
грустя, что мы Его не ищем.

◻

Ручьи грядущих лет журчат
о том, что не на что надеяться,
и подрастающих внучат
ещё помелет та же мельница.

◻

Именно пробелы и зазоры,
а не толчея узлов и нитей
тихо сопрягаются в узоры
истинного кружева событий.

◻

Небесный простор пустоты
не то чтоб мешал моей вере,
но если, Господь, это Ты,
то в дождь я не выйду за двери.

◻

Всегда был занят я везде —
всерьёз, а не слегка —
резьбой по воздуху, воде
и дыму табака.

◻

Лень — это борьба, погони, кражи,
мыслей оживлённое брожение,
только лень активно будоражит
вялое моё воображение.

◻

Если ноет душевный ушиб,
очень давит чужое присутствие,
мне нужней, чтоб вокруг ни души
не толпилось, являя сочувствие.

Гарики предпоследние

☐

Учился много я, но скверно,
хотя обрывки помню прочно,
и что я знаю, то неверно,
а всё, что верно, то неточно.

☐

Я в мудрецы хотя не лезу,
но мыслю я башкой кудлатой,
и неглубоких истин бездну
я накопал моей лопатой.

☐

Есть между сном и пробуждением
души короткая отрада:
я ощущаю с наслаждением,
что мне вставать ещё не надо.

☐

Свой собственный мир я устроил
усилием собственных рук,
а всюду, где запись в герои,
хожу стороной и вокруг.

☐

Я попадал моим ключом
в такие скважины случайные,
что нынче знаю, что почём,
и мысли все мои — печальные.

☐

Угрюмо думал я сегодня,
что в нашей тьме,
грызне, предательстве
вся милость высшая Господня —
в Его безликом невмешательстве.

◻

В мире всё расписано по нотам,
гаммы эти вовсе не сложны:
служат мысли умных идиотам,
ибо только им они нужны.

◻

Когда меня от гибели на дне
лишь тонкая удерживала нить,
мгновение подмигивало мне,
зовя его забавность оценить.

◻

Что суета течёт впустую,
нам не обидно и не жалко,
активность нашу холостую
огонь бенгальский греет жарко.

◻

Затем лишь я друзей бы попросил
хоть капельку здоровья уберечь,
чтоб дольше у души достало сил
на радость от нечастых наших встреч.

◻

В небесной синей райской выси
меня тоска бы съела — в ней
метать нельзя и скучно бисер
ввиду отсутствия свиней.

◻

Течёт покоя зыбь текучая,
и тишь да гладь отсель досель;
идиотизм благополучия
неописуем, как кисель.

Гарики предпоследние

□

Мы спорим, низвергаем и бунтуем
в запале сокрушенья и борения,
а после остываем и бинтуем
ожоги от душевного горения.

□

Доволен я житьём-бытьём,
покоем счастлив эфемерным,
и всё вокруг идёт путём,
хотя, по-моему, неверным.

□

Кто отрешён и отчуждён
от суеты с её кипением,
зато сполна вознаграждён
живой души негромким пением.

□

Давно уже домашен мой ночлег,
лучусь, покуда тлеет уголёк,
и часто, недалёкий человек,
от истины бываю недалёк.

□

Сонливый облик обормота
предъявит Божьему суду
моя высокая дремота,
надменно чуждая труду.

□

В одинокую дудочку дуя,
слаб душою и выпить не прочь,
ни от Бога подачек не жду я,
ни Ему я не в силах помочь.

☐

Моя уже хроническая праздность,
владычица души моей и тела,
корнями утекает в безобразность
того, что сотворяют люди дела.

☐

Излишних сведений кирпич
меня не тянет в каждый спор,
но жажда истину постичь
меня сусанит до сих пор.

☐

Чтобы глубоким мыслителем
слыть у наивных людей,
быть надо краном-смесителем
нескольких крайних идей.

☐

Я стал отшельник,
быт мой чист
и дышит воздухом интимности,
и жалко мне врагов моих,
беднягам хочется взаимности.

☐

Век живу я
то в конфузе, то в контузии —
от азарта, от надежды, от иллюзии;
чуть очухиваюсь —
верен, как и прежде,
я иллюзии, азарту и надежде.

Гарики предпоследние

◻

Проснувшись
в неосознанной тревоге,
я воду пью, рассеянно курю,
и вовсе я не думаю о Боге,
но с кем-то безусловно говорю.

◻

Был я слеп,
опрометчив, решителен,
скор и падок
на дело и слово;
стыд за прошлое мне утешителен
и для глупостей новых основа.

◻

Я давно уже заметил, насколько
человек умом и духом непрочен,
полагаться на себя можно только,
да и то, если признаться,
не очень.

◻

Из лени, безделья и праздности,
где корни порока гнездятся,
рождаются разные разности,
а в частности — песни родятся.

◻

Нигде по сути не был я изгой,
поскольку был не лучше и не хуже,
а то, что я существенно другой,
узналось изнутри, а не снаружи.

☐

Человек, обретающий зрелость,
знака свыше не ждёт и не просит;
только личной анархии смелость
в Божий хаос порядок привносит.

☐

Жду я мыслей,
как мух ожидает паук —
так они бы мне в дело сгодились!
А вчера две глубоких
явились мне вдруг —
очевидно, они заблудились.

☐

Сухой букет желаний —
вот утрата
из частых по житейскому течению.
Я столького всего хотел когда-то!
А ныне — очень рад неполучению.

☐

Я не лучшие,
а все потратил годы
на блаженное бездельное томление,
был послушен я велению природы,
ибо лень моя — природное явление.

☐

Творец упрямо гнёт эксперимент,
весь мир деля на лагерь и бардак,
и бедствует в борделе импотент,
а в лагере блаженствует мудак.

Гарики предпоследние

□

Я книжный червь и пьяный враль,
а в мире празднуют верховность
широкоплечая мораль
и мускулистая духовность.

□

Мне как-то понять повезло,
и в памяти ныне витает,
что деньги тем большее зло,
чем больше нам их не хватает.

□

На то, что вышел из тюрьмы,
на то, что пью не по годам, —
у Бога я беру взаймы,
и оба знаем, что отдам.

□

В ночи на жизнь мою покой
ложится облачным пластом,
он изумительно такой,
каков, быть может, в мире том.

□

Лижут вялые волны былого
зыбкий берег сегодняшних лет,
с хилой злобностью снова и снова
люто плещут в лицо и вослед.

□

Всё пока со мной благополучно,
профилю не стыдно за анфас,
мне с самим собой бывает скучно
только, если спит один из нас.

□

А люблю я сильнее всего,
хоть забава моя не проста —
пощипать мудреца за его
уязвимые спору места.

□

Ни тучки нет на небе чистом,
а мне видна она вполне,
поскольку светлым пессимистом
я воспитал себя во мне.

□

На днях печалясь, невзначай
нашёл я смуты разрешение:
я матом выругал печаль,
и ощутилось облегчение.

□

На будущие беды мне плевать,
предвидеть неизбежное — обидно,
заранее беду переживать —
и глупо, и весьма недальновидно.

□

Насмешливость лелея и храня,
я в жизни стал ей пользоваться реже:
ирония — прекрасная броня,
но хуже проникает воздух свежий.

Гарики предпоследние

□

Тёртые, бывалые, кручёные,
много повидавшие на свете,
сделались мы крупные учёные
в том,
что знают с детства наши дети.

□

Процессом странствия влеком,
я в путешествие обычно
весь погружаюсь целиком,
а что я вижу — безразлично.

□

Люди нынче жаждут потреблять,
каждый занят миской и лоханкой,
смотрится на фоне этом блядь —
чистой древнегреческой вакханкой.

□

Мне снился сон: бегу в толпе я,
а позади — разлив огней,
там распростёртая Помпея,
и жизнь моя осталась в ней.

□

А если всё заведомо в судьбе,
расписано, играется с листа,
и мы — всего лишь гайки на резьбе,
то лень моя разумна и чиста.

☐

Не мы плетём событий нить,
об этом знал и древний стоик,
а то, что можно объяснить —
уже усилия не стоит.

☐

Прислушавшись
к оттенкам и нюансам,
улавливаешь Божью справедливость:
мы часто терпим горести авансом
за будущую алчную блудливость.

☐

Неужели где-то в небе
с равнодушной гениальностью
сочиняется та небыль,
что становится реальностью?

☐

Я мыслю без надрыва и труда,
немалого достиг я в этом деле,
поскольку, если целишь в никуда,
никак не промахнёшься мимо цели.

☐

Давно и в разном разуверясь,
но веря в Божью широту,
ещё сыскать надеюсь ересь,
в которой веру обрету.

Гарики предпоследние

☐

По воздуху, по суше и воде
добрался я уже до многих стран,
ещё не обнаружил я нигде
лекарство от душевных наших ран.

☐

И всё течёт на самом деле
по справедливости сейчас:
мы в Бога верим еле-еле,
а Бог — совсем не верит в нас.

☐

В судьбе
бывают мёртвые сезоны —
застой и тишина, тоска и муть,
и рвёмся мы тогда, как вор из зоны,
а нам давалось время отдохнуть.

☐

Тоска, по сути, неуместна,
однако, скрыться не пытаясь,
она растёт в душе, как тесто,
дрожжами радости питаясь.

☐

Мне дней земных мила текучка,
а рай — совсем не интересен:
там целомудренниц толкучка
и не поют печальных песен.

❑

В шарме внешнем нету нужности
одинокому ежу,
красоту моей наружности
я внутри себя держу.

❑

Нет, я на время не в обиде,
что источилась жизни ось,
я даже рад, что всё предвидел,
но горько мне, что всё сбылось.

❑

Мой дух неярок и негромок,
но прячет каплю смысла зрелого
самодостаточный обломок
несуществующего целого.

❑

Напрасно мы то стонем бурно,
то глянем в небо и вздохнём:
Бог создал мир весьма халтурно
и со стыда забыл о нём.

❑

С наслаждением спать я ложусь,
от уюта постели счастливый,
потому что во сне не стыжусь,
что такой уродился ленивый.

❑

Тому, кто себя не щадит
и стоек в сей гибельной странности,
фортуной даётся кредит
заметной душевной сохранности.

Гарики предпоследние

☐

На нас, мечтательных и хилых,
не ловит кайфа Божий глаз,
а мы никак понять не в силах,
что Он в упор не видит нас.

☐

Сегодня спросили: а что бы
ты сделал от имени Бога?
Я в мире боюсь только злобы,
и я б её снизил намного.

☐

Былое нас так тешит не напрасно,
фальшиво это мутное кино,
но прошлое тем более прекрасно,
чем более расплывчато оно.

☐

Для жизни полезно явление
неясной печали тупой,
то смутное духа томление,
которое тянет в запой.

☐

В какие упоительные дали
стремились мы, томлением пылая!
А к возрасту, когда их повидали,
увяла впечатлительность былая.

☐

Выделывая па и пируэты,
немало начудил я интересного,
земные я не чту авторитеты,
но радуюсь молчанию небесного.

◻

Мне сладок перечень подсудный
душегубительных пороков,
а грех уныния паскудный —
дурь от нехватки сил и соков.

◻

Душа моя заметно опустела
и к жизни потеряла интерес —
похоже, оставлять собралась тело
и ей уже земной не нужен вес.

◻

Всегда на самочувствие весеннее,
когда залито всё теплом и светом,
туманное влияет опасение,
что всё же будет осень вслед за летом.

◻

По существу событий личных
в любых оказываясь точках,
душа болит в местах различных
и даже — в печени и почках.

◻

Тише теперь мы гуляем и пляшем,
реже в судьбе виражи,
даже иллюзии в возрасте нашем
призрачны, как миражи.

◻

В тесное чистилище пустив
грешников заядлых и крутых,
селят их на муки в коллектив
ангелов, монахов и святых.

Гарики предпоследние

□

Творец жесток,
мы зря воображаем,
что благостна земная наша тьма,
мы многое легко переживаем,
но после — выживаем из ума.

□

Не просто ради интереса
я глаз держу настороже:
святой, пожавший руку беса, —
святой сомнительный уже.

□

Затем на небо нету моста,
чтоб мог надеяться простак,
что там совсем не всё так просто,
а просто всё совсем не так.

□

Я в молодости жить себе помог
и ясно это вижу с расстояния:
я понял, ощутив, как одинок,
пожизненность такого состояния.

□

Весьма порой мешает мне уснуть
волнующая, как ни поверни,
открывшаяся мне внезапно суть
какой-нибудь немыслимой херни.

☐

В душе моей многое стёрто,
а скепсис — остатки загваздал;
я верю и в Бога, и в чёрта,
но в чёрта — сильнее гораздо.

☐

Многих бед моих источник —
наплевавший на мораль
мой язык — болтун и склочник,
обаяшка, змей и враль.

☐

Душа, когда она уже в полёте
и вся уже вперёд обращена,
вдруг чувствует тоску по бренной плоти
и болью ностальгии смущена.

☐

Творцу живётся вряд ли интересно,
от нас Ему то муторно, то дурно;
а боги древних греков, как известно, —
те трахались и сами очень бурно.

☐

Творец отвёл глаза напрасно,
когда мы падали во тьму;
что Бога нет, сегодня ясно
и нам не меньше, чем Ему.

☐

Подрезая на корню
жажду веры острую,
порют мутную херню
все Его апостолы.

Гарики предпоследние

☐

Уже не глупость, а кретинство —
любое пылкое учение
про гармоничное единство
и лучезарное сплочение.

☐

Я слухом не ловлю,
не вижу взглядом,
но что-то существует с нами рядом,
невнятицу мне в душу говоря
словами из иного словаря.

☐

Время льётся то жидко, то густо,
то по горло, то ниже колен,
а когда оно полностью пусто —
наступает пора перемен.

☐

На вопрос мой даруя ответ,
песня чья-то звучит надо мной,
и опять проливается свет
на изгаженный век наш чумной.

☐

Несчётных звёзд у Бога россыпи
и тьма кружащихся планет,
и для двуногой мелкой особи
душевных сил у Бога нет.

☐

Тоска моя не легче, но ясней:
в душе иссяк терпения запас,
трёхмерность бытия обрыдла ей,
и боль её окутывает нас.

☐

Теперь, когда я крепко стар,
от мира стенкой отгорожен,
мне Божий глас народа стал
докучлив и пустопорожен.

☐

Слушая полемик жаркий бред,
я люблю накал предубеждения,
ибо чем туманнее предмет,
тем категоричнее суждения.

☐

Повсюду нынче злобой
пахнет скверно,
у Бога созревает новый план,
Его ведь консультируют, наверно,
Аттила, Чингисхан и Тамерлан.

☐

Заглядывая в канувшее прошлое,
я радуюсь ему издалека:
уже оно красивое, киношное,
и даже театральное слегка.

☐

Нет, я не зябко и не скудно
жил без единого кумира,
но без него ужасно трудно
во мгле безжалостного мира.

Гарики предпоследние

□

Мечта — весьма двусмысленный росток,
и Бог, хотя сочувствует мечтам,
скорее милосерден, чем жесток,
давая расцвести не всем цветам.

□

Я у философа Декарта
прочёл и помню с той поры,
что если прёт худая карта,
разумней выйти из игры.

□

Наш каждый возраст — как гостиница:
мы в разных думаем о разном,
и только лёгкость оскотиниться
живёт везде живым соблазном.

□

Все слухи, сплетни, клевета
и злой молвы увеселения —
весьма нужны, чтоб не пуста
была душа у населения.

□

Наш мир уже почти понятен,
загадки тают, словно снег,
из непостижно белых пятен
остался только человек.

□

Когда весь день бывал я весел
и не темнело небо синее,
то я намного меньше весил —
не вес ли клонит нас в уныние?

◻

Я даже не смыкая век
лежать люблю — до обожания,
ведь сам по сути человек —
продукт совместного лежания.

◻

Хоть мысли наши Господу угодны,
в одном забавно схожи все они:
высокие раздумья — многоводны,
что делает их реками херни.

◻

Кормёжка служит нам отрадой,
Бог за обжорство нас простит,
ведь за кладбищенской оградой
у нас исчезнет аппетит.

◻

Я личное имею основание
не верить сильной пользе от учения:
я лично получал образование,
забытое в минуту получения.

◻

В душе — глухая безнадёга,
в уме кипит пустой бульон;
а вариант поверить в Бога
давно отвергли я и Он.

◻

Почему-то порою весенней
часто снится, внушая мне страх,
будто я утопаю в бассейне,
где вода мне всего лишь по пах.

Гарики предпоследние

❑

Года мои стремглав летели,
и ныне — Бог тому свидетель —
в субботу жизненной недели
мое безделье — добродетель.

❑

Из мелочи, случайной чепухи,
из мусора житейского и сора
рождаются и дивные стихи,
и долгая мучительная ссора.

❑

Я часто думаю теперь —
поскольку я и в мыслях грешен, —
что в судьбах наших счёт потерь
числом даров уравновешен.

❑

Не грусти, обращаясь во прах,
о судьбе, что случилась такой,
это тяжко на первых порах,
а потом тишина и покой.

❑

Наш небольшой планетный шарик
давно живёт в гавне глубоком,
Бог по нему уже не шарит
своим давно уставшим оком.

❑

А там и быт совсем другой —
в местах, куда Харон доставит:
то чёрт ударит кочергой,
то ангел в жопу свечку вставит.

☐

Об этом я задумался заранее:
заведомо зачисленный в расход,
не смерти я боюсь, а умирания,
отсутствие мне проще, чем уход.

☐

Я писал, как думал, а в итоге
то же, что в начале, ясно мне:
лучше легкомысленно — о Боге,
чем высокопарно — о хуйне.

☐

Забавный всё-таки транзит:
вдоль по судьбе через года
волочь житейский реквизит
из ниоткуда в никуда.

☐

Ты ничего не обещаешь,
но знаю: Ты меня простишь,
ведь на вранье, что Ты прощаешь,
основан Твой земной престиж.

5

Пылкое любовное соитие — важное житейское событие

Ю. Тильман (Милан), 1998. Дерево, камень, металл.

Гарики предпоследние

◻

Везде, где вслух галдят о вечном,
и я, любуясь нежной птахой,
печально мыслю: где бы лечь нам,
послав печаль и вечность на хуй?

◻

С той поры не могу я опомниться,
как позор этот был обнаружен:
я узнал, что мерзавка-любовница
изменяла мне с собственным мужем.

◻

Мы лето разве любим за жару?
За мух? За комаров?
Намного проще:
за летнюю повсюдную игру
в кустах, на берегу и в каждой роще.

◻

Судьбы случайное сплетение,
переплетенье рук и ног,
и неизбежное смятение,
что снова так же одинок.

◻

Появилось ли что-то во взгляде?
Стал угрюмее с некой поры?
Но забавно, как чувствуют бляди,
что уже я ушёл из игры.

☐

Прекрасна юная русалка,
предела нету восхищению,
и лишь до слёз матросу жалко,
что хвост препятствует общению.

☐

Начал я с той поры, как подрос,
разбираться во взрослых игрушках,
и немало кудрявых волос
на чужих я оставил подушках.

☐

Беда с романами и шашнями,
такими яркими в начале:
едва лишь делаясь вчерашними,
они тускнели и мельчали.

☐

Во флирте мы весьма поднаторели
и, с дамой заведя пустую речь,
выводим удивительные трели,
покуда размышляем, где прилечь.

☐

У мужиков тоску глобальную
понять-постичь довольно просто:
мы ищем бабу идеальную,
а жить с такой — смертельно постно.

Гарики предпоследние

□

Любовным играм обучение —
и кайф, и спорт, и развлечение.

□

Смешной забаве суждено
плыть по течению столетий:
из разных мест сойдясь в одно,
два пола шаркают о третий.

□

Мы все танцуем идеально,
поскольку нет особой сложности
напомнить даме вертикально
горизонтальные возможности.

□

Не зря ли мы здоровье губим,
вияясь телами в унисон?
Чем реже мы подругу любим,
тем чаще нас ласкает сон.

□

Постичь я не могу,
но принимаю
стихию женских мыслей и причуд,
а если что пойму, то понимаю,
что понял это поздно чересчур.

□

Всюду плачется загнанный муж
на супружества тяжкий обет,
но любовь — это свет наших душ,
а семья — это плата за свет.

☐

Неправда, что женщины — дуры,
мужчины умней их едва ли,
домашние нежные куры
немало орлов заклевали.

☐

Идея найдена не мной,
но это ценное напутствие:
чтоб жить в согласии с женой,
я спорю с ней в её отсутствие.

☐

В нас от юных вишен и черешен
память порастает незабудками;
умыслом и помыслом я грешен
больше, чем реальными поступками.

☐

Девушка, зачем идёшь ты мимо
и меня не видишь на пути?
Так ведь и Аттила мимо Рима
мог однажды запросто пройти.

☐

У бабы во все времена —
жара на дворе или стужа —
потребность любви так сильна,
что любит она даже мужа.

☐

Едино в лысых и седых —
как иудеев, так и эллинов,
что вид кобылок молодых
туманит взор у сивых меринов.

Гарики предпоследние

☐

Растёт моя дурная слава
среди ханжей и мелких равов,
поскольку свято чту я право
участия в упадке нравов.

☐

Мужики пустой вопрос
жарко всюду обсуждают:
почему у наших роз
их шипы не увядают?

☐

Мне часто доводилось убедиться
в кудрявые года моей распутности,
что строгая одежда на девице
отнюдь не означает недоступности.

☐

Занявшись тёмной дамы просветлением
и чары отпустив на произвол,
я долго остаюсь под впечатлением,
которое на даму произвёл.

☐

Я не стыжусь и не таюсь,
когда палюсь в огне,
я сразу даме признаюсь
в её любви ко мне.

☐

Мужику в одиночестве кисло,
тяжело мужику одному,
а как баба на шее повисла,
так немедленно легче ему.

◻

По женщине значительно видней,
как лечит нас любовная игра:
потраханная женщина умней
и к миру снисходительно добра.

◻

Мне было с ней настолько хорошо,
что я без умышлений негодяйства
завлёк её в постель и перешёл
к совместному ведению хозяйства.

◻

Дух весенний полон сострадания
к тёмным и таящимся местам:
всюду, где углы у мироздания,
кто-нибудь весной ебётся там.

◻

Липла муха-цокотуха
на любые пиджаки,
позолоту стёрли с брюха
мимолётные жуки.

◻

Здоровый дух в здоровом теле
влечёт его к чужой постели.

◻

Где музыка звучит,
легко тревожа,
где женщины танцуют равнобедренно,
глаза у мужиков
горят похоже:
хочу, и по возможности немедленно.

Гарики предпоследние

□

Легко текла судьба моя,
минуя храм и синагогу,
и многим чёрным кошкам я
перебежал тогда дорогу.
Теперь давно я не жених,
но шелушится в голове,
что были светлые меж них,
и даже рыжих было две.

□

Ведя семейную войну,
где ищет злость похлеще фразу,
я побеждаю потому,
что белый флаг подъемлю сразу.

□

Мужчин рассеянное воинство
своей особостью гордится,
хотя у всех — одно достоинство:
любой козёл в мужья годится.

□

Занявшись опросов пустыми трудами —
а к личным секретам
охоч я и лаком,
я в мысли простой
утвердился с годами:
семья — это тайна, покрытая браком.

□

Из некоего жизненного круга
нам выйти с неких пор
не удаётся,
поэтому случайная подруга —
нечаянная влага из колодца.

◻

Ведём ли мы беседы грустные,
ворчим ли — всюду прохиндеи,
а в нас кипят, не зная устали,
прелюбодейные идеи.

◻

От искры любовной —
порой сгоряча —
в ночи зажигается
жизни свеча.
Какой ни являет
она собой вид,
а тоже свечу запалить норовит.
И тянется так по капризу Творца —
забыто начало, не видно конца.
Покуда слова я увязывал эти,
пятьсот человек появилось на свете.

◻

К ней шёл и старец, и юнец,
текли учёные и школьники,
и многим был суждён конец
в её Бермудском треугольнике.

◻

Связано весьма кольцеобразно
мира устроение духовное,
и в любом отказе от соблазна
есть высокомерие греховное.

◻

Люблю журчанье этой речки,
где плещет страсть о берега,
и тонковрунные овечки
своим баранам вьют рога.

Гарики предпоследние

☐

Привязан к мачте, дышит жарко
плут Одиссей. И жутко жалко —
сирен, зазря поющих страстно
в неодолимое пространство.

☐

Когда вокруг галдит семья,
то муж, отец и дед,
я тихо думаю, что я
скорее жив, чем нет.

☐

Весьма крута метаморфоза
с мозгами, выпивкой сожжёнными,
и мы от раннего склероза
с чужими путаемся жёнами.

☐

Будь гений ты или герой,
мудрец и эрудит —
любви сердечный геморрой
тебя не пощадит.

☐

История — не дважды два четыре,
история куда замысловатей,
не знает ни один историк в мире
того, что знают несколько кроватей.

☐

С одной отменной Божьей шуткой
любой мужик весьма знаком:
полгода бегаешь за юбкой —
и век живёшь под каблуком.

☐

У девушек пальтишки были куцые,
и — Боже, их судьбу благослови —
досадуя, что нету проституции,
они нам отдавались по любви.

☐

Какой-нибудь
увлёкшись кошкой драной
(обычно с лёгкой пылью в голове),
томился я потом душевной раной
и баб терпеть не мог недели две.

☐

Мужья по малейшей причине
к упрёкам должны быть готовы;
изъянов не видеть в мужчине
умеют одни только вдовы.

☐

Поют юнцы свои запевки
про нежных кралей и зазноб,
а мы при виде юной девки
не в жар впадаем, а в озноб.

☐

В острые периоды влюблённости —
каждый убеждался в этом лично —
прочие порочные наклонности
ждут выздоровления тактично.

Гарики предпоследние

☐

Мы проявляем благородство
и дарим радость Божьим сферам,
когда людей воспроизводство
своим поддерживаем хером.

☐

С тугими очертаниями зада
иметь образование не надо.

☐

В этом гомоне и гаме,
в этой купле и продаже
девки делают ногами,
что уму не снилось даже.

☐

Любовь немыслима без такта,
поскольку он — важнейший клей
и для игры, и для антракта,
и для согласия ролей.

☐

Живёт ещё во мне былой мотив,
хотя уже я дряхлый и седой,
и, девку по соседству ощутив,
я с пылкостью болтаю ерундой.

☐

Овеян двусмысленной славой,
ласкаю сустав подагрический,
а где-то с распутной шалавой
гуляет мой образ лирический.

◻

Многим птицам вил я гнёзда
на ветвях души моей,
только рано или поздно
пташки гадили с ветвей.

◻

Поскольку в жизненном меню —
увы — нам большего не дали,
я женщин искренне ценю
за обе стороны медали.

◻

По весне как козырная карта
без жеманства, стыда и надменности
для поимки любовного фарта
оголяются все сокровенности.

◻

Увы, но в жизни скоротечной
с годами вянет благодать
уменья вспыхнуть к первой встречной
и ей себя всего отдать.

◻

Профан полнейший в туфлях, бусах —
эстетской жилки я лишён,
зато сходился я во вкусах
с мужьями очень разных жён.

◻

Загадочно мне женское сложение —
духовного и плотского смешение,
где мелкое телесное движение
меняет наше к бабе отношение.

Гарики предпоследние

□

Семья — устройство не вчерашнее,
уже Сенека замечает:
мужик — животное домашнее,
но с удовольствием дичает.

□

Податливость мою хотя кляну,
однако же перечить не рискую:
мужчина, не боящийся жену,
весьма собой позорит честь мужскую.

□

Многим дамам ужимками лестными
я оказывал знаки внимания,
потому что с учтивыми жестами
тесно связан успех вынимания.

□

Любовь — не только наслаждение:
и по весне, и в ноябре
в любви есть самоутверждение,
всегда присущее игре.

□

Зная книгу жизни назубок,
текста я из виду не теряю,
важную главу про поебок
я весьма усердно повторяю.

□

Глубоким быть философом не надо,
повсюду видя связи и следы:
любовью мир удержан от распада,
а губят этот мир — её плоды.

□

Наукой все границы стёрты,
на днях читал уже в печати я,
что девки делают аборты
от непорочного зачатия.

□

Необходим лишь первый шаг
туда, где светит согрешение,
а после слабая душа
сама впадает в искушение.

□

За мелким вычетом подробностей
невмочь ни связям, ни протекции
помочь ни в области способностей,
ни в отношении эрекции.

□

Весной зацвёл горох толчёный,
влюбился в рыбу крокодил,
пошёл налево кот учёный
и там котят себе родил.

□

Меняются каноны и понятия,
вид мира и событий, в нём текущих,
одни только любовные объятия —
такие же, как были в райских кущах.

Гарики предпоследние

☐

В беседе с дамой много проще
воспринимать её на ощупь.

☐

Когда мы видим лик прелестный
и слов уже плетётся вязь,
то блекнет весь пейзаж окрестный,
туманным фоном становясь.

☐

Порой грущу при свете лунном,
томясь душой перед рассветом,
что снюсь, возможно, девам юным,
но не присутствую при этом.

☐

Под фиговым порой таится листиком
такое, что не снилось даже мистикам.

☐

Пускай на старческой каталке
меня сей миг везут к врачу,
когда вакханку от весталки
я в первый раз не отличу.

☐

Пройдёт и канет час печальный,
и я меж ангелов небесных
увижу свет первоначальный
и грустно вспомню баб телесных.

☐

Сыграет ангел мой на дудочке,
что мне пора пред Божье око,
и тут же я смотаю удочки,
и станет рыбкам одиноко.

☐

С какой-нибудь
из дивно зрелых дам
пускай застигнет смерть
меня на ложе,
окликнет Бог меня:
— Ты где, Адам?
А я ему отвечу:
— Здесь я, Боже!

☐

Всуе прах мой не тревожь,
а носи бутылки,
пусть ебётся молодёжь
на моей могилке.

6

Поскольку ни на что уже не годен
теперь я относительно свободен

Б. Карафелов (Маале-Адумим), 1999. Холст, масло.

Гарики предпоследние

☐

Видя старческую прыть,
бабы разбегаются,
дед их дивно мог покрыть,
а они пугаются.

☐

Время хворей и седин —
очень тяжкая проверка
утлых банок от сардин,
серых гильз от фейерверка.

☐

Это враки, что выдохся я,
сочинялись бы книжка за книжкой,
но состарилась Муза моя
и стихи мне диктует с одышкой.

☐

Хоть пыл мой возрастом уменьшен,
но я без понта и без фальши
смотрю на встречных юных женщин
глазами теми же, что раньше.

☐

Сейчас, когда уже я старожил,
я верен обывательским пределам —
не то чтобы я жизнью дорожил,
но как-то к ней привык
душой и телом.

☐

Хотя проходит небольшой
отрезок нашей биографии,
хоть мы такие же душой —
нас жутко старят фотографии.

☐

Когда мы начинаем остывать
и жизнь уже почти что утекла,
мы ценим нашу ветхую кровать
как средство сохранения тепла.

☐

Дряхлый турист повсеместно
льётся густыми лавинами:
старым развалинам лестно
встретиться взглядом с руинами.

☐

Старушке снятся дни погожие
из текших много лет назад,
когда кидались все прохожие
проситься к ней в нескучный сад.

☐

Творец расчислил наперёд
любое наше прекословье:
вторая молодость берёт
у нас последнее здоровье.

☐

Я вязну в тоскливых повторах,
как будто плывут миражи;
встречаются сутки, в которых
уже точно так же я жил.

Гарики предпоследние

□

От чего так устал?
Ведь не камни таскал.
А подвыпив,
ещё порываюсь я петь;
но всё время тоска,
и повсюду тоска —
помоги мне, Господь,
эту жизнь дотерпеть.

□

Если ближе присмотреться,
в самом хилом старикашке
упоённо бьётся сердце
и шевелятся замашки.

□

Вместе со всеми впадая в балдёж
и на любые готовы падения,
вертятся всюду,
где есть молодёжь,
дедушки лёгкого поведения.

□

Наше время ступает, ползёт и идёт
по утратам, потерям, пропажам,
в молодые годится любой идиот,
а для старости — нужен со стажем.

□

Да, молодые соловьи,
моё былое — в сером пепле,
зато все слабости мои
набрали силу и окрепли.

❑

Уже не позавидует никто
былой моей
загульной бесноватости,
но я обрёл на старости зато
все признаки святого,
кроме святости.

❑

Не манят ни слава, ни власть,
с любовью — глухой перекур,
осталась последняя страсть —
охота на жареных кур.

❑

Негоже до срока
свечу задувать,
нам это веками твердят,
однако тому,
чьё пространство — кровать,
нет лучше лекарства, чем яд.

❑

Я не только снаружи облез,
я уже и душевно такой,
моего сластолюбия бес
обленился и ценит покой.

❑

Судьба ведёт нас и волочит
на страх и риск, в огонь и в воду,
даруя ближе к вечной ночи
уже ненужную свободу.

Гарики предпоследние

□

Душа поёт, хотя не птица,
и стать легка не по годам,
и глаз, как странствующий рыцарь,
прекрасных сыскивает дам.

□

Горизонт застилается тучами,
время явно уже на излёте,
ибо стали печально докучливы
все волнения духа и плоти.

□

Провалился житейский балет
или лысина славой покрыта —
всё равно мы на старости лет
у разбитого дремлем корыта.

□

Стал верить я глухой молве,
что, выйдя в возраст стариковский,
мы в печени и в голове
скопляем камень философский.

□

Годы создают вокруг безлюдие,
полон день пустотами густыми;
старческих любовен скудоблудие —
это ещё бегство из пустыни.

□

Ходят цыпочки и лапочки —
словно звуки песнопений;
половина мне до лампочки,
остальные мне до фени.

☐

Копчу зачем-то небо синее,
меняя слабость на усталость,
ежевечернее уныние —
на ежеутреннюю вялость.

☐

Угрюмо сух и раздражителен,
ещё я жгу свою свечу
и становиться долгожителем
уже боюсь и не хочу.

☐

Ещё несёт нас по волнам,
ещё сполна живём на свете,
но в паруса тугие нам
уже вчерашний дует ветер.

☐

Не назло грядущим бедам,
не вкушая благодать,
а ебутся бабка с дедом,
чтобы внуков нагадать.

☐

Дотла сгоревшее полено,
со мной бутыль распив под вечер,
гуняво шамкало, что тлена
по сути нет, и дух наш вечен.

☐

Меня спроси или Его —
у нас один ответ:
старенье — сумерки всего,
что составляло свет.

Гарики предпоследние

☐

Уже немалые года
мой хер со мной
отменно дружен,
торча во младости всегда,
а ныне — только если нужен.

☐

Я дряхлостью нисколько не смущён
и в частом алкогольном кураже
я бегаю за девками ещё,
но только очень медленно уже.

☐

Вчера с утра
кофейной гущей
увлекся я, ловя узор,
и углядел в судьбе грядущей
на склоне лет мужской позор.

☐

К любым неприятностям
холодно стоек,
я силы души
берегу про запас;
на старости лет
огорчаться не стоит:
ведь самое худшее
ждёт ещё нас.

☐

Порой жалеть я стал себя:
уже ничей не соблазнитель,
нить жизни вяло теребя,
ловлю конец не свой, а нити.

☐

Вонзается во сне
мне в сердце спица,
и дико разверзается беда;
покой, писал поэт,
нам только снится;
увы, теперь и снится не всегда.

☐

Стынет буквами речка былого,
что по веку неслась оголтело,
и теперь меня хвалят за слово,
как недавно ругали за дело.

☐

Для счастья надо очень мало,
и рад рубашке старичок,
если добавлено крахмала,
чтобы стоял воротничок.

☐

Ближе к ночи пью горький нектар
под неспешные мысли о том,
как изрядно сегодня я стар,
но моложе, чем буду потом.

☐

Мне забавна картина итога
на исходе пути моего:
и вполне я могу ещё много,
и уже не хочу ничего.

☐

Мы видные люди в округе,
в любой приглашают нас дом,
но молоды наши подруги
всё с большим и большим трудом.

Гарики предпоследние

◻

Я вкушаю отдых благодатный,
бросил я все хлопоты пустые:
возраст у меня ещё закатный,
а в умишке — сумерки густые.

◻

Принять последнее решение
мешают мне родные лица,
и к Богу я без приглашения
пока стесняюсь появиться.

◻

Старюсь я приемлемо вполне,
разве только горестная штука:
квёлое уныние ко мне
стало приходить уже без стука.

◻

Судьбе не так уж мы покорны,
и ждёт удача всех охочих;
в любви все возрасты проворны
а пожилые — прытче прочих.

◻

Молодое забыв мельтешение,
очень тихо живу и умеренно,
но у дряхлости есть утешение:
я уже не умру преждевременно.

◻

Создался
облик новых поколений,
и я на них смотрю,
глуша тревогу;
когда меж них родится
ихний гений,
меня уже не будет, слава Богу.

☐

Приблизившись
к естественному краю,
теряешь наплевательскую спесь,
и я уже спокойно примеряю
себя к существованию не здесь.

☐

Слава Творцу,
мне такое не снилось,
жил я разболтанно, шало и косо,
всё, что могло, у меня износилось,
но безупречно и после износа.

☐

Я огорчён печальной малостью,
что ближе к сумеркам видна:
ум не приходит к нам со старостью,
она приходит к нам одна.

☐

Любое знает поколение,
как душу старца может пучить
неутолимое стремление
девицу юную увнучить.

☐

Нет сил на юное порхание,
и привкус горечи острей,
но есть весеннее дыхание
в расцвете дряхлости моей.

☐

Ещё мы хватки в острых спорах,
ещё горит азарт на лицах,
ещё изрядно сух наш порох,
но вся беда — в пороховницах.

Гарики предпоследние

☐

Состарясь, мы уже другие,
но пыл ничуть не оскудел,
и наши помыслы благие
теперь куда грешнее дел.

☐

Смешно грустить о старости, друзья,
в душе не затухает Божья искра;
склероз, конечно, вылечить нельзя,
но мы о нём забудем очень быстро.

☐

Все толкования меняются
у снов периода старения,
и снится пухлая красавица —
к изжоге и от несварения.

☐

К очкам привыкла переносица,
во рту протезы, как родные,
а после пьянки печень просится
уйти в поля на выходные.

☐

В последней, стариковской ипостаси
печаль самолюбиво я таю:
на шухере, на стрёме, на атасе —
и то уже теперь не постою.

☐

Растаяла, меня преобразив,
цепочка улетевших лет и зим,
не сильно был я в юности красив,
по старости я стал неотразим.

□

Я курю, выпиваю и ем,
я и старый — такой же, как был,
и практически нету проблем
даже с этим — но с чем, я забыл.

□

Вот женщина шлёт зеркалу вопрос,
вот зеркало печальный шлёт ответ,
но женщина упрямо пудрит нос
и красит увядание в расцвет.

□

Памяти моей истёрлась лента,
вся она — то в дырах, то в повторах,
а в разгаре важного момента —
мрак и зга, хрипение и шорох.

□

Наплывает на жизнь мою лёд.
Он по праву и вовремя он.
Веет холод. И дни напролёт
у меня не звонит телефон.

□

Знает каждый,
кто до старости дорос,
как похожа наша дряхлость
на влюблённость,
потому что это вовсе не склероз,
а слепая и глухая просветлённость.

□

Моё уже зимнее сердце —
грядущее мы ведь не знаем —
вполне ещё может согреться
чужим зеленеющим маем.

Гарики предпоследние

◻

И в годы старости плачевной
томит нас жажда связи тесной —
забытой близости душевной,
былой слиянности телесной.

◻

Уже в наших шутках и пении —
как эхо грядущей нелепости —
шуршат и колышутся тенями
знамёна сдающейся крепости.

◻

Что старику надрывно снится,
едва ночной сгустился мрак?
На ветках мается жар-птица,
шепча: ну где же ты, дурак?

◻

С того и грустны стариканы,
когда им налиты стаканы,
что муза ихнего разврата
ушла куда-то без возврата.

◻

...Но вынужден жить,
потому что обязан
я всем, кто со мною
душевно завязан.

◻

Как пенится музыка
в юных солистах!
Как дивна игра их
на скрипках волнистых!
А мы уже в зале, в толпе старичков,
ушла музыкальность
из наших смычков.

◻

Ощущая свою соприродность
с чередой уходящего множества,
прихожу постепенно в негодность
и впадаю в блаженство убожества.

◻

Я хотя немало в жизни видел,
в душу много раз ронялась искра,
всё-таки на Бога я в обиде:
время прокрутил Он очень быстро.

◻

В тиши укромного жилища
я жду конца пути земного,
на книжных полках — духа пища,
и вдоволь куплено спиртного.

◻

Я под раскаты вселенского шума
старость лелею мою;
раньше в дожди я читал или думал,
нынче я сплю или пью.

◻

Я часто бываю растерян:
хотя уже стал я седым,
а столь же в себе не уверен,
как был, когда был молодым.

◻

Печаль моя — не от ума,
всегда он был не слишком ярок,
но спит во мне желаний тьма,
а сил — совсем уже огарок.

Гарики предпоследние

◻

От возраста поскольку нет лечения,
то стоит посмотреть на преимущества:
остыли все порочные влечения,
включая умножение имущества.

◻

Уже я начал хуже слышать,
а видеть хуже — стал давно,
потом легко поедет крыша,
и тихо кончится кино.

◻

Утопая в немом сострадании
я на старость когда-то смотрел,
а что есть красота в увядании,
я заметил, когда постарел.

◻

Годы меня знанием напичкали,
я в себе глазами постаревшими
вижу коробок, набитый спичками —
только безнадёжно отсыревшими.

◻

Время жизни летит, как лавина,
и — загадка, уму непомерная,
что вторая её половина
безобразно короче, чем первая.

◻

Начал я слышать с течением лет —
жалко, что миг узнавания редок:
это во мне произносит мой дед,
это — отец, но возможно, что предок.

◻

Забавно мне, что старческие немощи
в потёмках увядания глухих
изрядно омерзительны и тем ещё,
что тянут нас рассказывать о них.

◻

Дико мне порой сидеть в гостях,
мы не обезумели, но вроде:
наши разговоры о смертях
будничны, как толки о погоде.

◻

В те года, что ещё не устал,
я оглядывал женщин ласкательно
только нынче, хотя уже стар,
а на баб я смотрю вынимательно.

◻

Блаженна пора угасания:
все мысли расплывчато благостны,
и буйственной жизни касания
скорее докучны, чем радостны.

◻

Едва пожил — уже старик,
Создатель не простак,
и в заоконном чик-чирик
мне слышится тик-так.

◻

Текут по воздуху года,
легко струясь под каждой крышей,
и скоро мы войдём туда,
откуда только Данте вышел.

Гарики предпоследние

◻

Как найти эту веху в пути
на заметном закатном сползании,
чтоб успеть добровольно уйти,
оставаясь в уме и сознании?

◻

Лично мне, признаться честно,
вместо отдыха в суглинке
было б весело и лестно
посетить мои поминки.

◻

Мы дожили
до признания и внуков,
до свободы
в виде пакостной пародии,
и уходим мы
с медлительностью звуков
кем-то сыгранной и тающей мелодии.

◻

По складу нашего сознания —
мы из реальности иной,
мы допотопные создания,
нас по оплошке вывез Ной.

◻

Кончается жизни дорога,
я много теперь понимаю
и знаю достаточно много,
но как это вспомнить — не знаю.

☐

Друзья, вы не сразу меня хороните,
хочу посмотреть — и не струшу,
как бес-искуситель
и ангел-хранитель
придут арестовывать душу.

☐

Сегодня, выпив кофе поутру,
я дивный ощутил в себе покой;
забавно: я ведь знаю, что умру,
а веры в это нету никакой.

☐

Нехитрым совпадением тревожа,
мне люстра подмигнула сочинить,
что жизнь моя — на лампочку похожа,
и в ней перегорит однажды нить.

☐

Звезде далёкой шлю привет
сквозь темноту вселенской стужи;
придя сюда, ответный свет
уже меня не обнаружит.

☐

Пили водку дед с бабулькой,
ближе к ночи дед косел,
но однажды он забулькал
и уже не пил совсем.

7

Яркий признак мысли и культуры — горы и моря макулатуры

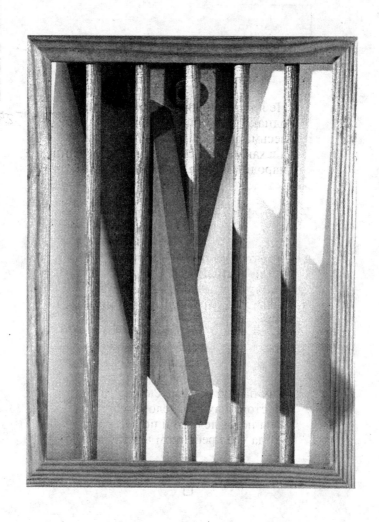

Александр Окунь (Иерусалим), 1994. Губерман в тюрьме. Дерево.

Гарики предпоследние

☐

Не я нарушил рабское молчание,
однако был мой вклад
весьма заметным:
я в ханжеской стране вернул звучание
народным выражениям заветным.

☐

Проста моя пустая голова,
и я не напрягаюсь, а играю:
кипят во мне случайные слова,
а мысли к ним я после подбираю.

☐

Как пахнут лучшие сыры,
не стоит пахнуть человеку,
а ты не мылся с той поры,
когда упал ребёнком в реку.

☐

В те годы, когда сопли подсыхали
и стала созревать мужская стать,
гормоны изживали мы стихами,
а после не сумели перестать.

☐

Собой меж нас он дорожил,
как ваза — местом в натюрморте,
и потому так долго жил
и много воздуха испортил.

☐

Жить с утра темно и смутно
до прихода первой строчки,
а потом уже уютно,
как вокруг отпитой бочки.

☐

По лени сам я не коплю
сор эрудиции престижной,
но уважаю и люблю
мешки летучей пыли книжной.

☐

Пишу эстрадные программы,
соединив, дохода ради,
величие Прекрасной Дамы
с доступностью дворовой бляди.

☐

Читать — не вредная привычка:
читаю чушь, фуфло, утиль,
и вдруг нечаянная спичка
роняет искру в мой фитиль.

☐

Почти не ведая заранее,
во что соткётся наша речь,
тоску немого понимания
мы в текст пытаемся облечь.

Гарики предпоследние

☐

Поэту очень важно уважение,
а если отнестись к нему иначе,
лицо его являет выражение
просящего взаймы и без отдачи.

☐

Чужое сочинительство — докука,
и редко счастье плакать и хвалить;
талант я ощущаю с полузвука
и Моцарту всегда готов налить.

☐

Творцам, по сути, хвастать нечем,
их дар — ярмо, вериги, крест,
и то клюёт орёл им печень,
то алкоголь им печень ест.

☐

Тоску по журчанью монет
и боль от любовной разлуки
в мотив облекает поэт,
собрав туда вздохи и пуки.

☐

На меня влияло чтение
хоть весьма всегда по-разному,
но уменьшило почтение
к человеческому разуму.

☐

В мир повально текущей мистерии
окунули мы дух и глаза,
по экранам ожившей материи
тихо катится Божья слеза.

◻

Никто уже не пишет на века,
посмертной вожделея
долгой славы:
язык меняет русло, как река,
и чахнут оставляемые травы.

◻

Все стихи — графомания чистая,
автор горькую выбрал судьбу,
ибо муза его неказистая
вдохновенна, как Ленин в гробу.

◻

Забаву не чтя как художество,
я складывал мысли и буквы
и вырастил дикое множество
роскошной развесистой клюквы.

◻

Вся книга — на пороге идеала:
сюжет, герои, дивная обложка;
а в гуще мыслей — ложка бы стояла;
однако же, стоять должна не ложка.

◻

Бывало — вылетишь в астрал,
паришь в пространстве безвоздушном,
а там в порыве простодушном
уже коллега твой насрал.

Гарики предпоследние

◻

Я в чаще слов люблю скитаться,
бредя без цели и дороги
на тусклый свет ассоциаций
под эхо смутных аналогий.

◻

Моя поэзия проста,
но простоты душа и жаждала,
я клею общие места
с местами, личными у каждого.

◻

Забавно: стих когда отточен,
пускай слегка потяжелев,
то смыслом более он точен,
чем изначальное желе.

◻

Во мне игры духовной нет,
но утешаюсь я зато,
что всё же, видимо, поэт,
поскольку иначе — никто.

◻

Убедился уже я не раз —
от пожизненной творческой прыти
только брызги перевранных фраз
остаются, как пена в корыте.

◻

Я шлю приятельской запиской
тебе совет мой, а не лесть:
с такой писательской пипиской
не стоит к Музе в койку лезть.

❑

Поскольку вырос полным неучем
и нету склонности к труду,
то мне писать по сути не о чем,
и я у вечности краду.

❑

Наш мирок убог и тесен,
мы по духу и по плоти
много жиже наших песен,
текстов наших и полотен.

❑

Я рою так неглубоко,
что если что-то обнаружу,
мне замечательно легко
добычу вытащить наружу.

❑

В моём интимном песнопении
довольно част один рефрен:
в объятья муз, где были гении,
зачем ты лезешь, хилый хрен?

❑

Чесалась и сохла рука,
но я модернистом не стал,
пускай остаётся строка
проста, как растущий кристалл.

❑

Я мучаюсь — никак я не пойму,
куда меня ведут мечты и звуки;
я лиру посвятил народу моему,
народу наплевать на наши муки.

Гарики предпоследние

□

Не жалуясь, не хныча и не сетуя,
сбывая по дешёвке интеллект,
с бубенчиками
шастаю по свету я,
опознанный летающий субъект.

□

Только потому ласкаю слово,
тиская, лепя и теребя,
что не знаю лучшего иного
способа порадовать себя.

□

Заметил я, что медленное чтение,
подобное любовному касанию,
рождает непонятное почтение
к ничтожнейшему жизнеописанию.

□

Главное — не в пользе и продаже,
главное — в сохранности огня,
мысли я записываю, даже
если нету мыслей у меня.

□

Нет, зубами я голодными не клацаю,
потому что, от нужды меня храня,
Бог наладил из России эмиграцию,
чтобы слушатели были у меня.

☐

Читаю с пылом и размахом,
зал рукоплещет и хохочет,
а я томлюсь тоской и страхом:
зубной протез мой рухнуть хочет.

☐

Подойди, поэтесса, поближе,
я шепну тебе в нежное ухо:
вдохновение плоти не ниже
воспарений ума или духа.

☐

Моя мечта — на поговорки
растечься влагой из бутылки,
придурок сядет на пригорке
и мой стишок прочтёт дебилке.

☐

Я писал, как видел, и пардон,
если я задел кого мотивом,
только даже порванный гандон
я именовал презервативом.

☐

Оды, гимны, панегирики,
песнопенья с дифирамбами —
вдохновенно пишут лирики,
если есть торговля ямбами.

☐

Зря пузырится он так пенисто,
журчит напрасно там и тут,
на пальме подлинного первенства
бананы славы не растут.

Гарики предпоследние

☐

Весь век я с упоением читал,
мой разум до краёв уже загружен,
а собранный духовный капитал —
прекрасен и настолько же не нужен.

☐

Цель темна у чтенья моего,
с возрастом ничто не прояснилось,
я читаю в поисках того,
что пока никем не сочинилось.

☐

Из шуток, мыслей, книг и снов,
из чуши, что несут,
я подбираю крошки слов,
замешивая в суп.

☐

Нет, я не бездарь, не простак,
но близ талантов горемычных
себя я стыдно вижу, как
пивной сосуд меж ваз античных.

☐

Заметил я, что к некоему времени
за творческие муки и отличия
заслуживаем мы у Бога премии —
удачу или манию величия.

☐

Дерзайте и множьтесь, педанты,
культурным зачатые семенем,
вы задним числом секунданты
в дуэли таланта со временем.

☐

Сюда придёт под памятник толпа
сметливых почитателей проворных;
к нему не зарастёт народная тропа,
пока неподалёку нет уборных.

☐

Давно была во мне готовность
культуре духа наловчиться,
а нынче мне с утра духовность
из телевизора сочится.

☐

Хоть лестна слава бедному еврею,
но горек упоения экстаз:
я так неудержимо бронзовею,
что звякаю, садясь на унитаз.

☐

На север и запад,
на юг и восток,
меняя лишь рейсов названия,
мотаюсь по миру —
осенний листок
с российского древа познания.

☐

Блажен ведущий дневники,
интимной жизни ахи-охи,
ползёт из-под его руки
бесценная херня эпохи.

Гарики предпоследние

☐

Я не мог на провинцию злиться —
дескать, я для столицы гожусь,
ибо всюду считал, что столица —
это место, где я нахожусь.

☐

Похожа на утехи рыболова
игра моя, затеянная встарь,
и музыкой прихваченное слово
трепещет, как отловленный пескарь.

☐

Зря поэт с повадкой шустрой
ищет быстрое признание,
мир научен Заратустрой:
не плати блядям заранее.

☐

Мне сочинить с утра стишок,
с души сгоняя тень, —
что в детстве сбегать на горшок, —
и светел новый день.

☐

Когда горжусь, как вышла строчка,
или блаженствую ночами,
в аду смолой исходит бочка,
скрипя тугими обручами.

☐

Где жили поэты, и каждый писал
гораздо, чем каждый другой, —
я в этом квартале на угол поссал
и больше туда ни ногой.

☐

У сытого, обутого, одетого
является заноза, что несчастен,
поскольку он хотел
совсем не этого
и должен быть искусству сопричастен.

☐

Был мой умишко недалёк
и не пылал высоким светом,
однако некий уголёк
упрямо тлел в сосуде этом.

☐

Век меня хотя и сгорбил,
и унял повадку резвую,
лирой пафоса и скорби
я с почтительностью брезгую.

☐

В радужных не плаваю видениях —
я не с литераторской скамьи,
ценное в моих произведениях —
только прокормление семьи.

☐

Впадали дамы в упоение,
и было жутко жаль порой,
что я еблив гораздо менее,
чем мой лирический герой.

Гарики предпоследние

☐

Приметой, у многих похожей
(кивнув, я спешу удалиться), —
недоданность милости Божьей
с годами ложится на лица.

☐

Время всё стирает начисто,
оставляя на листе
только личное чудачество
в ноте, слове и холсте.

☐

Полезности ничто не лишено,
повсюду и на всём есть Божий луч,
и ценного познания пшено
клевал я из больших навозных куч.

☐

Мы пишем ради радости связать
всё виденное в жизненной игре;
и пылкое желанье досказать
на смертном даже теплится одре.

☐

Хотя поэт на ладан дышит,
его натура так порочна,
что он подругам письма пишет,
их нежно трахая заочно.

☐

Будет камнем земля,
будет пухом ли —
всё равно я на небо не вхож,
а портрет мой,
засиженный слухами, —
он уже на меня не похож.

◻

Всё было в нём весьма обыкновенное,
но что-нибудь нас вечно выдаёт:
лицо имел такое вдохновенное,
что ясно было — полный идиот.

◻

В организме какие-то сдвиги
изменяют душевный настрой,
и мои погрустневшие книги
пахнут прелой осенней листвой.

◻

Мечта сбылась: мои тома,
где я воспел закалку стали,
у всех украсили дома,
и все читать их перестали.

◻

Я в тексты скрылся, впал и влез,
и строчки вьются, как тесьма,
но если жизнь моя — процесс,
то затухающий весьма.

◻

Смешно подведенье итога,
я был и остался никто,
но солнечных зайчиков много
успел наловить я зато.

◻

Господь вот-вот меня погасит,
зовя к ответу,
и понесусь я на Пегасе
с Парнаса в Лету.

8

Евреев большинство ещё и ныне блуждает, наслаждаясь, по пустыне...

*Т. Колтун, Ю. Колтун (Гамбург), 1996. Губерман в ссылке.
Смешанная техника.*

Гарики предпоследние

□

В пыльных рукописьменных просторах
где-то есть хоть лист из манускрипта
с текстом о еврейских бурных спорах,
как им обустроить жизнь Египта.

□

Евреев выведя из рабства,
Творец покончил с чудесами,
и путь из пошлого похабства
искать мы вынуждены сами.

□

Да, искромётностью ума
по праву славен мой народ,
но и по мерзости дерьма
мы всем дадим очко вперёд.

□

С банальной быстротечностью
хотя мы все умрём,
еврейство слиплось с вечностью,
как муха — с янтарём.

□

Что ты мечешься, Циля, без толку,
позабыв о шитье и о штопке?
Если ты потеряла иголку,
посмотри у себя её в попке.

☐

Мы вовсе не стали похожи,
но век нас узлом завязал,
и с толком еврей только может
устроить славянский базар.

☐

Ход судьбы — как запись нотная,
исполнитель — весь народ;
Божья избранность — не льготная,
а совсем наоборот.

☐

Нас мелочь каждая тревожит,
и мы не зря в покой не верим:
еврею мир простить не может
того, что делал он с евреем.

☐

Без угрызений и стыда
не по-еврейски я живу:
моя любимая еда
при жизни хрюкала в хлеву.

☐

Евреи не только
на скрипках артисты
и гости чужих огородов,
они ещё всюду лихие дантисты —
зуб мудрости рвут у народов.

Гарики предпоследние

☐

Еврей тоскует не о прозе
болот с унылыми осинами,
еврей мечтает о берёзе,
несущей ветки с апельсинами.

☐

Россию иностранцы не купили,
и сыщутся охотники едва ли,
Россию не продали, а пропили,
а выпивку — евреи наливали.

☐

То ветра пронзительный вой,
то бури косматая грива,
и вечно трепещет листвой
речная плакучая Рива.

☐

Гордыня во мне иудейская
пылает, накал не снижая:
мне мерзость любая еврейская
мерзей, чем любая чужая.

☐

В заоблачные веря эмпиреи
подобно легкомысленным поэтам,
никто так не умеет, как евреи,
себе испортить век на свете этом.

❏

Одна загадка в нас таится,
душевной тьмой вокруг облита,
в ней зыбко стелется граница
еврея и антисемита.

❏

Во всякой порче кто-то грешен,
за этим нужен глаз да глаз,
и где один еврей замешан —
уже большой избыток нас.

❏

Чему так рад седой еврей
в его преклонные года?
Старик заметно стал бодрей,
узнав про Вечного Жида.

❏

В узоре ткущихся событий
не всё предвидеть нам дано:
в руках евреев столько нитей,
что нити спутались давно.

❏

В евреях действительно
много того,
что в нас осуждается дружно:
евреям не нужно почти ничего,
а всё остальное им нужно.

Гарики предпоследние

☐

Если бабы с евреями
ночи и дни
дружно делят заботы и ложе,
столько выпили
крови еврейской они,
что еврейками сделались тоже.

☐

Евреи в беседах пространных —
коктейлях из мифа и были —
повсюду тоскуют о странах,
в которых рабы они были.

☐

Сосновой елью пахнет липа
в семи воскресных днях недели,
погиб от рака вирус гриппа,
евреи в космос улетели.

☐

Для всей планеты мой народ —
большое Божье наказание;
не будь меж нас такой разброд —
весь мир бы сделал обрезание.

☐

В евреях оттуда, в евреях отсюда —
весьма велики расхождения,
еврей вырастает по форме сосуда,
в который попал от рождения.

◻

Спешите знать: с несчастной Ханной
случился казус непростой
(она упала бездыханной),
и Зяма снова холостой.

◻

Евреи не витают в эмпиреях,
наш ум по преимуществу — земной,
а мир земной нуждается в евреях,
но жаждет их отправить в мир иной.

◻

Обилен опыт мой житейский,
я не нуждался в этом опыте,
но мой характер иудейский
толкал меня во что ни попадя.

◻

Еврейское счастье превратно,
и горек желудочный сок,
судьба из нас тянет обратно
проглоченный фарта кусок.

◻

Родился сразу я уродом,
достойным адского котла:
Христа распял, Россию продал
(сперва споив её дотла).

◻

Выбрав голые фасоны,
чтоб укрыться в неглиже,
днём сидят жидомасоны
в буквах М и в буквах Ж.

Гарики предпоследние

☐

Повсюду пребывание моё
печалит окружающий народ:
евреи на дыхание своё
расходуют народный кислород.

☐

Еврей живёт на белом свете
в предназначении высоком:
я корни зла по всей планете
пою своим отравным соком.

☐

Пока торговля не в упадке,
еврей не думает о Боге,
Ему на всякий случай взятки
платя в районной синагоге.

☐

В еврейской жизни театральность
живёт как духа естество,
и даже чёрную реальность
упрямо красит шутовство.

☐

Среди еретиков и бунтарей —
в науке, философии, искусстве —
повсюду непременно част еврей,
упрямо прозябавший в безрассудстве.

☐

Большая для мысли потеха,
забавная это удача,
что муза еврейского смеха —
утешница русского плача.

◻

С тех пор, как Бог небесной манной
кормил народ заблудший наш,
за нами вьётся шлейф туманный
не столько мифов, как параш.

◻

Забавно, что слабея и скудея,
заметно остывая день за днём,
в себе я ощущаю иудея
острее, чем пылал когда огнём.

◻

Всегда евреям разума хватало,
не дёргаясь для проигрышной битвы,
журчанием презренного металла
купить себе свободу для молитвы.

◻

Вспоминая о времени прожитом,
я мотаю замшелую нить,
и уже непонятно мне, что же там
помешало мне сгинуть и сгнить.

◻

— Как чуден вид Альпийских гор! —
сказал Василию Егор.
— А мне, — сказал ему Василий, —
милее рытвины России.

◻

Я с покорством тянул мой возок
по ухабам той рабской страны,
но в российский тюремный глазок
не с постыдной смотрел стороны.

Гарики предпоследние

▫

Россия уже многократно
меняла, ища, где вольготней,
тюрьму на бардак и обратно,
однако обратно — охотней.

▫

Подлая газета душу вспенила,
комкая покоя благодать;
Господи, мне так остоебенело
бедствиям российским сострадать!

▫

В России сегодня большая беда,
понятная взрослым и чадам:
Россия трезвеет, а это всегда
чревато угаром и чадом.

▫

В России знанием и опытом
делились мы простейшим способом:
от полуслова полушёпотом
гуляка делался философом.

▫

Прошлых песен у нас не отнять,
в нас пожизненна русская нота:
я ликую, узнав, что опять
объебли россияне кого-то.

▫

Мы у Бога всякое просили,
многое услышалось, наверно,
только про свободу для России
что-то изложили мы неверно.

☐

Весной в России жить обидно,
весна стервозна и капризна,
сошли снега, и стало видно,
как жутко засрана отчизна.

☐

А Русь жила всегда в узде,
отсюда в нас и хмель угарный:
ещё при Золотой Орде
там был режим татаритарный.

☐

Видно, век беспощадно таков,
полон бед и печалей лихих:
у России — утечка мозгов,
у меня — усыхание их.

☐

Уже былой России нет
(хоть нет и будущей покуда),
но неизменен ход планет,
и так же любит нас Иуда.

☐

Две породы лиц
в российском месиве
славятся своей результативностью:
русское гавно берёт агрессией,
а гавно еврейское — активностью.

Гарики предпоследние

◻

Когда Российская держава,
во зле погрязшая по крыши,
на лжи и страхе нас держала,
у жизни градус был повыше.

◻

Клюя рассеянное крошево,
свою оглядывая младость,
я вижу столько там хорошего,
что мне и пакостное в радость.

◻

Дух воли, мысли и движения
по русской плавает отчизне,
а гнусный запах разложения
везде сменился вонью жизни.

◻

Среди российских духа инвалидов
хмельных от послабления узды,
я сильно опасаюсь индивидов,
которым всё на свете — до звезды.

◻

Худшие из наших испытаний
вырастились нашими же предками:
пиршество иллюзий и мечтаний
кончилось реальными объедками.

☐

Забавно, что в бурные дни
любую теснят сволоту
рождённые ползать — они
хватают и рвут на лету.

☐

Не чувствую ни света, ни добра
я в воздухе мятущейся России,
она как будто чёрная дыра
любых душевно-умственных усилий.

☐

Я вырос в романтическом настрое,
и свято возле сердца у меня
стоят папье-машовые герои
у вечного бенгальского огня.

☐

Увы, в стране, где все равны,
но для отбора фильтров нет,
сочатся суки и говны
во всякий властный кабинет.

☐

При папах выросшие дети
в конце палаческой утопии
за пап нисколько не в ответе,
хотя отцов — живые копии.

☐

Всегда бурлил, кипел и пенился
народный дух, и, мстя беде,
он имя фаллоса и пениса
чертил воинственно везде.

Гарики предпоследние

☐

Понятие фарта, успеха, удачи
постичь не всегда удаётся:
везде неудачник тоскует и плачет,
в России — поёт и смеётся.

☐

Свобода обернулась мутной гнусью,
всё стало обнажённей и острей,
а если пахнет некто светлой Русью,
то это — засидевшийся еврей.

☐

На всех осталась прошлого печать,
а те, кто были важными людьми,
стараются обычно умолчать,
что, в сущности, работали блядьми.

☐

Свободу призывал когда-то каждый,
и были мы услышаны богами,
и лёд российский тронулся однажды,
но треснул он — под нашими ногами.

☐

Присущий и воле,
и лагерным зонам,
тот воздух, которым в России дышали,
ещё и сейчас овевает озоном
извилины шалых моих полушарий.

□

Чего-нибудь монументального
всё время хочется в России,
но непременно моментального
и без особенных усилий.

□

Всё так сейчас разбито и расколото,
оставшееся так готово треснуть,
что время торжества серпа и молота —
стирается, чтоб заново воскреснуть.

□

Тягостны в России передряги,
мёртвые узлы повсюду вяжутся;
лишь бы не пришли туда варяги —
тоже ведь евреями окажутся.

□

Воздух ещё будет повсеместно
свеж, полезен жизни и лучист,
ибо у России, как известно,
время — самый лучший гавночист.

□

Россия свободе не рада,
в ней хаос и распря народов,
но спячка гнилого распада
сменилась конвульсией родов.

Гарики предпоследние

□

Хоть густа забвения трава,
только есть печали не избытые:
умерли прекрасные слова,
подлым словоблудием убитые.

□

А прикоснувшись к низкой истине,
что жили в мерзости падения,
себя самих мы вмиг очистили
путём совместного галдения.

□

Всюду больше стало света,
тени страшные усопли,
и юнцы смеются вслед нам,
утирая с носа сопли.

□

Как витаминны были споры
в кухонных нищих кулуарах!
Мы вспоминали эти норы
потом и в залах, и на нарах.

□

Мы свиристели, куролесили,
но не виляли задним местом,
и потому в российском месиве
дрожжами были, а не тестом.

□

Кто полон сил и необуздан,
кто всю страну зажёг бы страстью —
в России мигом был бы узнан,
однако нет его, по счастью.

❐

Настежь раскрыта российская дверь,
можно детей увезти,
русские кладбища тоже теперь
стали повсюду расти.

❐

Хотя за годы одичания
смогли язык мы уберечь,
но эхо нашего молчания
нам до сих пор калечит речь.

❐

Народ бормочет и поёт,
но пьяный взгляд его пронзителен:
вон тот еврей почти не пьёт,
чем, безусловно, подозрителен.

❐

Берутся ложь, подлог и фальшь,
и на огне высокой цели
коптится нежный сочный фарш,
который мы полжизни ели.

❐

Мы крепко власти не потрафили
в года, когда мели метели,
за что российской географии
хлебнули больше, чем хотели.

Гарики предпоследние

□

Народного горя печальники
надрывно про это кричали,
теперь они вышли в начальники,
и стало в них меньше печали.

□

Мне до сих пор
загадочно и дивно,
что, чуждое платонам и конфуциям,
еврейское сознание наивно —
отсюда наша тяга к революциям.

□

Мы поняли сравнительно давно,
однако же не раньше, чем воткнулись:
царь вырубил в Европу лишь окно,
и, выпрыгнув, мы крепко наебнулись.

□

Я брожу по пространству и времени,
и забавно мне, книги листая,
что спасенье от нашего семени —
лишь мечта и надежда пустая.

□

Судьба нас дёргает, как репку,
а случай жалостлив, как Брут;
в России смерть носила кепку,
а здесь на ней чалма внакрут.

◻

Тут вечности запах томительный,
и свежие фрукты дешёвые,
а климат у нас — изумительный,
и только соседи хуёвые.

◻

Забавно здесь под волчьим взглядом
повсюдной жизни колыхание,
а гибель молча ходит рядом,
и слышно мне её дыхание.

◻

Ничуть былое не тая,
но верен духу парадокса,
любить Россию буду я
вплоть до дыхания Чейн-Стокса.

◻

Придёт хана на мягких лапах,
закончу я свой путь земной,
и комиссары в чёрных шляпах
склонятся молча надо мной.

9

Людям удивительно и завидно,
что живу я глупо и неправедно

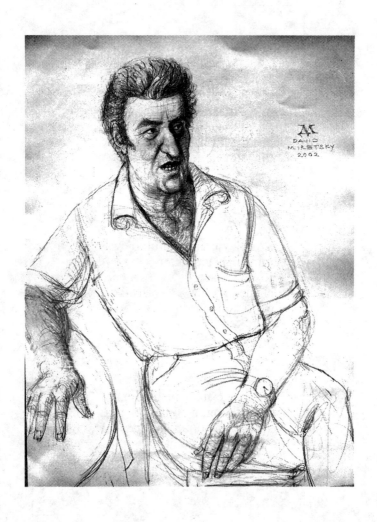

Д. Мирецкий (Нью-Йорк), 2002. Бумага, карандаш.

Гарики предпоследние

☐

Есть у жизни паузы, прорехи,
щели и зазоры бытия,
через эти дыры без помехи
много лет просачиваюсь я.

☐

Сегодня хор наставников умолк,
мечта сбылась такой же,
как мечталась,
и вышел из меня с годами толк,
и бестолочь нетронутой осталась.

☐

Нет, я на судьбу не в обиде,
и жизнь моя, в общем, легка;
эстрада подобна корриде,
но я — оживляю быка.

☐

Повлёкся я стезёй порока,
себе подобных не виня,
а страха бес и бес упрёка
давно оставили меня.

☐

Такие дни ещё настанут:
лев побежит от муравья,
злословить люди перестанут,
навек табак оставлю я.

☐

Пою фальшиво я, но страстно,
пою, гармонию круша,
по звукам это не прекрасно,
однако светится душа.

☐

Когдатошний гуляка,
шут и плут,
я заперся в уюте заточения,
брожение души и мысли блуд —
достаточные сердцу приключения.

☐

Хотя судьба, забывши кнут,
исправно пряники печёт нам,
я в день по нескольку минут
страх ощущаю безотчётный.

☐

Не муравьём, а стрекозой
мой век я жил
и крепко грешен,
а виноградною лозой
бывал и порот и утешен.

Гарики предпоследние

☐

В этой жизни мелькнувшей земной —
отживал я её на износ —
было столько понюхано мной,
что угрюмо понурился нос.

☐

Весь век я наглое бесстыдство
являл, не зная утомления,
и утолялось любопытство,
неся печаль от утоления.

☐

Моё лицо слегка порочно,
что для мужчины — не позор,
а просто в облик въелся прочно
моих наклонностей узор.

☐

Из воздуха себе я создал почву,
на ней вершу посильные труды,
возделываю воздух даже ночью,
а ем — материальные плоды.

☐

Лукав, охотно лгу, подолгу сплю,
и прочими грехами я типичен,
а всё же не курю я коноплю,
и всё же я к мужчинам безразличен.

☐

Не трусь я в несчётной толпе
несчастных, за фартом снующих,
а еду по жизни в купе
для злостно курящих и пьющих.

❑

Все вышли в евреи, и ныне
в буфетах сидят и в кино,
а я до сих пор по пустыне
плетусь, попивая вино.

❑

Тих и ровен
мой сумрак осенний,
дух покоя любовью надышан,
мелкий дрязг мировых потрясений
в нашем доме почти что не слышен.

❑

Хотя люблю гулящих женщин,
но человек я не пропащий,
и стал я пить гораздо меньше,
поскольку пью намного чаще.

❑

Я душу с разумением гублю,
надеясь до конца не погубить,
поскольку вожделею не к рублю,
а к радости его употребить.

❑

Стал на диване я лежать,
уйдя на полную свободу,
и не хочу принадлежать
я ни к элите, ни к народу.

Гарики предпоследние

□

А лучше всё же стрекоза,
чем работящий муравей,
её бесстыжие глаза
мне и понятней и милей.

□

Всё ясней теперь и чаще я
слышу стыдное и грешное,
изнутри меня кричащее
одиночество кромешное.

□

Я пью, взахлёб гуляю и курю;
здоровью непреклонный супостат,
весь век самоубийство я творю,
и скоро уже будет результат.

□

Сейчас бы и в России не оставили
меня без воздаяния мне чести,
сейчас бы на могилу мне поставили
звезду шестиконечную из жести.

□

Сочтя свои утраты и потери,
поездивши по суше и воде,
я стал космополитом
в полной мере:
мне жить уже не хочется нигде.

□

Глухая тьма
простёрлась над пустыней,
спит разум,

и на душу пала ночь;
с годами наша плоть
заметно стынет,
а в мыслях
я совсем ещё не прочь.

□

Сам наслаждаясь Божьим даром,
я в рифме зрителя купаю,
за что порой имею даром
билеты в зал, где выступаю.

□

Я стандартен, обычен, вульгарен,
без надломов в изгибах души,
и весьма я Творцу благодарен,
что на мне отдохнуть Он решил.

□

Укрыт обаятельной ширмой
я в самом тяжёлом подпитии,
а подлинный внутренний мир мой
не вскроется даже на вскрытии.

□

Обиды людям
я себе простил,
азарта грех
давно отбыл на нарах,
а всё, что в этой жизни упустил,
с избытком наверстаю в мемуарах.

□

Конечно, время сызмала влияло
на дух и содержание моё;
меня эпоха сильно повеяла —
однако ведь и я лепил её.

Гарики предпоследние

□

Я в гостевальные меню
бывал включён как угощение,
плёл несусветную хуйню,
чем сеял в дамах восхищение.

□

Я душевно вполне здоров,
но шалею, ловя удачу;
из наломанных мною дров
я легко бы построил дачу.

□

Один телесный орган мой
уже давно воспеть хочу —
крутой, надёжный и немой,
покуда я молчу.

□

Как ни предан зелёному змею,
а живу по душе и уму,
даже тем, чего я не имею,
я обязан себе самому.

□

Я ленью грешен,
выпивкой и сексом,
люблю, однако, более всего
молчание, наполненное текстом
и ритмом, воспаляющим его.

☐

Я не жалею о попытках
заняться прибыльной игрой,
и только память об убытках
порой горит, как геморрой.

☐

Забавно это: годы заключения
истаяли во мне, как чёрный снег,
осталось только чувство приключения,
которое украсило мой век.

☐

Она совсем не в тягость мне,
моя высокая харизма,
и я использовал вполне
её по части похуизма.

☐

Идя то разминувшись,
то навстречу,
в суждениях высок
и столь же низок,
в момент, когда себе противоречу,
я к истине всего сильнее близок.

☐

Многое мне в мире неизвестно,
только чтоб не школьничать натужно,
я сказал непознанному честно,
что оно и на хуй мне не нужно.

Гарики предпоследние

☐

Меня на сочувствии тонком
не словит лукавая нелюдь,
я долго был гадким утёнком
и чуткий поэтому лебедь.

☐

А был я моложе —
трещал, как трещотка,
свой век болтовне посвящал я и ню,
общение с ню
оборвала решётка,
и там записал я
мою болтовню.

☐

Когда всё валится из рук,
с утра устал или не в духе,
то злюсь на мир я, как паук,
которого заели мухи.

☐

Мне вовсе не нужна
медалей медь,
не надо мне призов —
я не гнедой,
стакан хотел бы полным я иметь,
а славы мне достаточно худой.

☐

Я лица вижу, слышу голоса —
мне просто и легко среди людей,
но в лагере я столько съел овса,
что родственно смотрю на лошадей.

☐

Век мечтает о герое —
чтоб кипел и лез на стену,
буря мглою небо кроет,
я — сдуваю с пива пену.

☐

Живу я — у края обочины,
противлюсь любому вторжению,
и все мои связи упрочены
готовностью к их расторжению.

☐

Я знал позора гнусный вкус,
и шёл за ним вослед
соблазна гнилостный укус,
что жить уже не след.

☐

Исполнена свободы жизнь моя —
как пение русалочье во мраке,
как утренняя первая струя
у вышедшей на улицу собаки.

☐

Пока между землёй живу
и небом,
хочу без сожаления признаться:
полезным членом общества
я не был,
поскольку не хотел во всё соваться.

Я прожил век собой самим,
и мысли все мои нелепы,
но всё же кем-то был любим,
а остальные были слепы.

☐

Тайком играя на свирели,
вольготно жил я на Руси,
все на меня тогда смотрели,
как на свободное такси.

☐

Курю, покуда курится,
в мечтах тая,
что Бог от увядания спасёт,
и сваренная курица,
кудахтая,
яичко золотое мне снесёт.

☐

Хоть жил, не мельтешась и не спеша,
хотя никак не лез из пешек в дамки,
дозволенные рамки нарушал
я всюду, где встречались эти рамки.

☐

Почти что дошла до предела
моя от людей автономия,
но грустно, что мне надоела
и личная физиономия.

◻

К себе присматриваясь вчуже,
я часто думаю недужно,
что я душевно много хуже,
чем я веду себя наружно.

◻

Сообразно пространству акустики
я без пафоса, лести и мистики
завываю свои наизустики,
приучая людей к похуистике.

◻

Живя бездумно и курчаво,
провёл я время изумительно,
а если всё начать с начала,
то жил бы лысо и мыслительно.

◻

Тщеславием покой не будоража,
отменно я свой кайф ловлю в стакане,
хотя моя мыслительная пряжа
тянула на недурственные ткани.

◻

Когда хоть капельный бальзам
на душу льётся мне больную,
то волю я даю слезам
и радость чувствую двойную.

◻

Обороняюсь я нестойко
от искусителей моих,
безволен я уже настолько,
что сам подзуживаю их.

Гарики предпоследние

☐

Даже в лёгком
я нигде не числюсь весе,
ни в единое
не влился я движение,
ни в каком
я не участвую процессе,
и большое
в этом вижу достижение.

☐

Весьма стремясь к благополучию,
поскольку я его люблю,
всегда я шёл навстречу случаю,
который всё сводил к нулю.

☐

Всем говорю я правду только
и никому ни в чём не лгу:
моя душа черства настолько,
что я кривить ей не могу.

☐

Мне не надо считать до ста,
крепок сон и храплю кудряво;
то ли совесть моя чиста,
то ли память моя дырява.

☐

Да, в лени я мастак и дока,
я на тахте — как на коне,
но я не жалкий лежебока,
лежу поскольку на спине.

◻

Я бы с радостью этим похвастал,
жалко — нету покойных родителей:
нынче мысли свои очень часто
я встречаю у древних мыслителей.

◻

Теперь я чистый обыватель:
комфорта рьяный устроитель,
домашних тапок обуватель
и телевизора смотритель.

◻

В нас житейских будней каталажка
сильно гасит ум и сушит чувства,
жить легко поэтому так тяжко,
требуя душевного искусства.

◻

Боюсь неясных близких бед,
мой мутный страх — невыразим,
но жил не зря я столько лет,
и, что важнее, — столько зим.

◻

Я предавался сладострастью,
я пил с азартом алкаша,
и, слава Богу, только властью
меня мой бес не искушал.

◻

Меняюсь я быстро и просто:
созвучно с душевным настроем
сегодня я дряхлый и толстый,
а завтра я крепок и строен.

Гарики предпоследние

☐

Меня томит и ждёт лекарства
здоровью пагубная бедность,
а в интересах государства —
платить согражданам за вредность.

☐

Для пробы сил и променада,
беспечный умственный урод,
я очень часто знал, как надо,
но поступал наоборот.

☐

Идеям о праведной жизни назло, —
я думал, куря после ужина, —
заслуженно мне никогда не везло,
но часто везло незаслуженно.

☐

Сам себе не являя загадки,
от себя не стремлюсь я укрыться:
если знаешь свои недостатки,
с ними легче и проще мириться.

☐

Я ушёл от назойливых дел,
погрузился в уют обывательства,
много больше достиг, чем хотел,
и плачевны мои обстоятельства.

☐

Я к новой личности ко всякой
тянусь, учуяв запах новый,
я в жизни прошлой был собакой,
был беспородный пёс дворовый.

□

Я в неге содержу себя и в холе,
душа невозмутима, как лицо,
а призраку высоких меланхолий
я миску выставляю на крыльцо.

□

Вновь я сигарету закурил,
с жалостью подумавши о том,
как нам не хватает пары крыл —
я бы помахал, проветря дом.

□

Творя поступки опрометчиво,
слепцом я был, ума лишённым,
а после делать было нечего,
и я гордился совершённым.

□

Глупость жуткую я допустил,
и теперь моя песня допета:
я, живя, то гулял, то грустил,
но нельзя было смешивать это.

□

Спокойно, вдумчиво, подробно
я проживаю день за днём
и, Прометею неподобно,
лишь со своим шучу огнём.

□

Напичкан я различной скверной,
изрядно этим дорожа:
я ценен Богу службой верной,
собой таким Ему служа.

Гарики предпоследние

☐

Я тащусь от чудес и загадок,
обожаю любые игрушки,
для меня упоительно сладок
запах розы и прочей петрушки.

☐

В дар за опрометчивую смелость
полностью довериться удаче
всё со мной случалось, как хотелось, —
даже если было всё иначе.

☐

Уже весьма дыряв
челнок мой утлый,
а воду я черпаю — решетом,
зато укрыт я небом, как зонтом,
и ветер в голове моей — попутный.

☐

Судьба не скупилась на пряник,
но била за это — втройне,
и я, как Муму и «Титаник»,
валялся у жизни на дне.

☐

Проворен, ловок и сметлив,
я был рачительным старателем
и выжил, капли не пролив
из рюмки, налитой Создателем.

☐

Вся жизнь моя — несвязный монолог,
где смех и грех текут одновременно,
и если не заметил это Бог,
то дьявол это видит непременно.

☐

Наверно, от упрямства и нахальства,
хотя не воевал и не брюзжал,
награды и доверия начальства
ни разу я при жизни не стяжал.

☐

Нет, я трудом себя не мучаю,
бегу от мелкого и всякого,
труд регулярный и по случаю
душе противны одинаково.

☐

Я на пошлом киче сердцем таю,
всюду вижу кич издалека,
даже облака, где я витаю, —
это кичевые облака.

☐

Мне сон важней иных утех,
ночами сплю и днями мглистыми,
я досыпаю время тех,
кто был разбужен декабристами.

☐

Деревья сумрачно растут,
могилы тесно окружив,
я совершил кощунство тут,
журчаньем празднуя, что жив.

☐

Память наша густо поросла
дырами на месте стыдных бед,
в ней уже сегодня без числа
разных неслучившихся побед.

Гарики предпоследние

☐

Хотя надежд у нас избыточно,
ещё прибавится и впредь;
что большинство из них несбыточно,
нам наплевать и растереть.

☐

Ни к астрологии, ни к хиромантии
я не кидаюсь, надеясь на фарт,
сердце стучит, как часы без гарантии, —
это верней и цыганок, и карт.

☐

Направляясь в мир иной
с чинной непоспешностью,
я плетусь туда хмельной
и с помятой внешностью.

☐

Живу я пассивно и вяло,
за что не сужу себя строго:
я дал человечеству мало,
однако и взял я немного.

☐

Да, был и бабник я, и пьяница,
и враг любого воздержания,
зато желающим останется
дурной пример для подражания.

☐

Умрут со мной
мечты мои немые,
лишь там я утолю свои пылания,
где даже параллельные прямые
сойдутся, обезумев от желания.

☐

Ждут меня, безусловно, в аду
за влечение к каждой прелестнице,
но, возможно, я в рай попаду
по пожарной какой-нибудь лестнице.

☐

Ничуть не думаю о том,
как вид мой злобу в ком-то будит;
потом умру я, а потом
любить меня престижно будет.

☐

Я не улучшусь, и поздно пытаться,
сыграна пьеса, течёт эпилог,
раньше я портил себе репутацию,
нынче я порчу себе некролог.

☐

Ещё совсем уже немножко,
и на означившемся сроке
земля покроет, как обложка,
во мне оставшиеся строки.

Содержание

ЗАКАТНЫЕ ГАРИКИ 5

ГАРИКИ ПРЕДПОСЛЕДНИЕ 161

1.
*Залог душевного спокойствия —
цветы и фрукты удовольствия* 161

2.
*Есть мысли — ходят по векам,
как потаскушки — по рукам* 175

3.
*Птицу видно по полёту,
а скотину — по помёту* 201

4.
*Лучшее духовное питание —
это в облаках душой витание* 229

5.
*Пылкое любовное соитие —
важное житейское событие* 255

6.
*Поскольку ни на что уже не годен,
теперь я относительно свободен* 273

7.
*Яркий признак мысли и культуры —
горы и моря макулатуры* 293

8.
*Евреев большинство ещё и ныне
блуждает, наслаждаясь, по пустыне* 309

9.
*Людям удивительно и завидно,
что живу я глупо и неправедно* 329

Литературно-художественное издание

Игорь Губерман

**ЗАКАТНЫЕ ГАРИКИ
ГАРИКИ ПРЕДПОСЛЕДНИЕ**

Ответственный редактор *М. Яновская*
Художественный редактор *Е. Савченко*
Технический редактор *Н. Носова*
Компьютерная верстка *Л. Панина*
Корректор *И. Зорина*

ООО «Издательство «Эксмо».
107078, Москва, Орликов пер., д. 6.
Интернет/Home page — www.eksmo.ru
Электронная почта (E-mail) — info@eksmo.ru

*По вопросам размещения рекламы в книгах издательства «Эксмо»
обращаться в рекламное агентство «Эксмо». Тел. 234-38-00*

Книга — почтой: Книжный клуб «Эксмо»
101000, Москва, а/я 333. E-mail: bookclub@ eksmo.ru

Оптовая торговля:
109472, Москва, ул. Академика Скрябина, д. 21, этаж 2
Тел./факс: (095) 378-84-74, 378-82-61, 745-89-16
Многоканальный тел. 411-50-74. E-mail: reception@eksmo-sale.ru

Мелкооптовая торговля:
117192, Москва, Мичуринский пр-т, д. 12/1. Тел./факс: (095) 932-74-71

ООО «Медиа группа «ЛОГОС».
103051, Москва, Цветной бульвар, 30, стр. 2
Единая справочная служба: (095) 974-21-31. E-mail: mgl@logosgroup.ru

ООО «КИФ «ДАКС». 140005, М. О., г. Люберцы, ул. Красноармейская, д. 3а.
Тел. 503-81-63, 796-06-24. E-mail: kif_daks@mtu-net.ru

Книжные магазины издательства «Эксмо»:
Москва, ул. Маршала Бирюзова, 17 (рядом с м. «Октябрьское Поле»). Тел. 194-97-86.
Москва, Пролетарский пр-т, 20 (м. «Кантемировская»). Тел. 325-47-29.
Москва, Комсомольский пр-т, 28 (в здании МДМ, м. «Фрунзенская»). Тел. 782-88-26.
Москва, ул. Сходненская, д. 52 (м. «Сходненская»). Тел. 492-97-85
Москва, ул. Митинская, д. 48 (м. «Тушинская»). Тел. 751-70-54.

Северо-Западная Компания представляет весь ассортимент книг издательства «Эксмо».
Санкт-Петербург, пр-т Обуховской Обороны, д. 84E
Тел. отдела рекламы (812) 265-44-80/81/82/83.

Сеть магазинов «Книжный Клуб СНАРК» представляет
самый широкий ассортимент книг издательства «Эксмо».
Информация о магазинах и книгах в Санкт-Петербурге по тел. 050.

Вы получите настоящее удовольствие, покупая книги в магазинах ООО «Топ-книга»
Тел./факс в Новосибирске: (3832) 36-10-26. E-mail: office@top-kniga.ru

Всегда в ассортименте новинки издательства «Эксмо»:
ТД «Библио-Глобус», ТД «Москва», ТД «Молодая гвардия»,
«Московский дом книги», «Дом книги в Медведково», «Дом книги на ВДНХ».
Книги издательства «Эксмо» в Европе: www.atlant-shop.com

Подписано в печать с готовых диапозитивов 20.11.2002.
Формат 84×108 $^1/_{32}$. Гарнитура «Таймс». Печать офсетная.
Бум. писч. Усл. печ. л. 18,48.
Тираж 5100 экз. Заказ 7689

Отпечатано в полном соответствии
с качеством предоставленных диапозитивов
в ОАО «Можайский полиграфический комбинат».
143200, г. Можайск, ул. Мира, 93.